अब ईश्वर नहीं बोलता

अब ईश्वर नहीं बोलता

प्रभु नारायण श्रीवास्तव

GenNext Publication

अब ईश्वर नहीं बोलता

ISBN: 978-93-5324-315-9

"An Imprint of Kalpaz Publication"

भारत सन् 2020 में प्रकाशित

जेन्नेकस्ट पब्लिकेशन

5, अंसारी रोड, दरियागंज,

नई दिल्ली-110002

Phone: 9811692060

ई-मेलः gennextpublication@hotmail.com

मुद्रितः ज्ञान प्रेस, दिल्ली

जो हमारे चित्त चेतना और चिन्तन में

चन्दन की गन्ध की तरह सुवासित हैं

उन सद्‌गुरु भगवान परमपूज्य

स्वामी अड़गड़ानन्द जी महाराज

के

चरणों में सादर समर्पित

अनुक्रमणिका

स्मृतियों एवं मिथकों के कवि प्रभुनारायण श्रीवास्तव

प्रभुनारायण श्रीवास्तव समकालीन कविता के प्रमुख हस्ताक्षरों में से एक है। उनकी कवितायें देश की अनेक पत्र–पत्रिकाओं में छपती रही हैं और पाठकों द्वारा सराही भी जाती रही है। बड़ी गहराई होती है उनकी कविताओं में पर मजाल है कहीं कोई दुरूहता ग्रस ले उसे। साधारण से साधारण पाठक कविता को आसानी से ग्रहण कर लेता है।

प्रभुनारायण की कवितायें आधा स्मृति में हैं आधा मिथक में। स्मृतियां जब–जब दीप्त होती है तो कई 'नालन्दा', कई 'तक्षशिला' जीवित हो उठते हैं'। बुद्ध महावीर के संदेशों के स्वर फूट पड़ते हैं' और 'हमारे औकात का वजन बढ़ जाता है'। प्रभुनारायण खंडहरों की चुप्पी तोड़ देते हैं और हम पुनर्निर्मित हो जाते है।

पुराने मिथकों को ऐसे प्रस्तुत करते हैं कि नये–नये अर्थ व्यंजित होने लगते हैं। ऐसे काल में जब ईश्वर बोलता था तो खलनायकों के भी कुछ जीवन मूल्य हुआ करते थे, उनमें भी नैतिकता होती थी। तभी तो ''अशोक वाटिकायें सुरक्षित'' होती थी, कहीं कोई जोर जबरदस्ती नहीं। इशारों में बड़ी बात कह गया प्रभुनारायण का कवि अपनी प्रसिद्ध कविता ''अब ईश्वर नहीं बोलता'' में।

यही नहीं कवि ने नये–नये मिथक भी गढ़े है जैसे – 'नाउन चाचीं', 'भुल्लन कुजड़ा', 'हीरा की माई', 'मिठाई की अम्मा' मिथकीय आभा से दीप्तमान हो उठी हैं। प्रेमचन्द्र के होरी और धनिया की तरह मिथक बन गये प्रभुनारायण के पात्र।

इनके पहले काव्य संग्रह – 'अनाज का दाना चुप है' की समीक्षा मैंने की थी जो 'लोकवार्ता' पत्रिका में छपी है। प्रतीक्षा है इनके दूसरे काव्य–संग्रह की 'अब ईश्वर नहीं बोलता'।

17.08.2020

डा0 अर्जुनदास केसरी
सम्पादक – लोकवार्ता
सोनभद्र – (उत्तर प्रदेश)

विचार

प्रभुनारायण श्रीवास्तव की कवितायें अलग तरह की होती है। कुंवर नारायण की संक्षिप्तता और रघुबीर सहाय की स्फीति दोनों तरह की कवितायें लिखने में सिद्धहस्त हैं।

– डा0 परमानन्द श्रीवास्तव

('अनाज का दाना चुप है' के बर्ल्ब पर है उनके विचार)

प्रो0 प्रभुनारायण श्रीवास्तव काव्य लेखन में वैचारिक स्तर पर अत्यन्त गहराई में उतरते हैं। नई कविता जब लिखते हैं तो इनके साथ नया समय भी साथ चलता है। प्रो0 श्रीवास्तव की सोच अत्यन्त प्रगतिशील होने के नाते 21वीं सदी की विसंगतियों पर प्रहार भी करती है।

– सलिल पांडे (सम्पादक 'मर्द')

प्रभुनारायण श्रीवास्तव की कवितायें 'पूर्वापर' में हमने कई बार प्रकाशित किया है। उनके काव्य – संग्रह 'अनाज का दाना चुप है' की समीक्षा भी छापी है। उनकी कविताओं की गूंज दूर तक सुनाई पड़ती है और देर तक टिकी रहती है।

– डा0 सूर्यपाल सिंह

सम्पादक – पूर्वापर

प्रभुनारायण श्रीवास्तव की कवितायें ही ऐसी हैं कि उनकों पढ़ने के बाद पाठक संजीदा हो जाता है। कभी पुरानी न पड़ने वाली कवितायें लिखते है प्रभुनारायण।

– देवप्रकाश खन्ना

सम्पादक – ''देव भारती''

भोपाल (मध्य प्रदेश)

प्रभुनारायण की कवितायें पढ़ने के बाद हम एक–दूसरे तरह के आदमी हो जाते है। बंधे–बंधाये मार्गो पर चलना फिर मुश्किल हो जाता है।

– वृजदेव पांडे

वरिष्ठ कवि एवं समालोचक, मीरजापुर

'कथाक्रम' में छपी 'घास' नामक कविता पढ़ने पर लगा घास–मूली समझ कर जिसका तिरस्कार करते हैं लोग वे भी घास की तरह किले के बुर्ज तक चढ़ाई कर सकते हैं तलवार की तरह अपनी गर्दन लेकर।

मैंने प्रभुनारायण जी की कवितायें पढ़ी हैं सचमुच अत्यन्त उच्च कोटि की होती हैं वे। ''जहरीले धूंये की शर्त में बंधी अंधी घाटियों'' में रहने वालों को ललकारती हुई प्रभुजी की कवितायें मंत्र मुग्ध कर देती हैं।

– अरविन्द अवस्थी

प्रख्यात कवि एवं समालोचक

मीरजापुर

प्रभुनारायण श्रीवास्तव उन विरले कवियों में हैं जो जब कविता पाठ करते हैं तो श्रोताओं के बीच पिन ड्राप साइलेंस हो जाता है। हर तरह के श्रोता और पाठक उनके प्रशंसक रहे हैं। हमें प्रतीक्षा रहती है उनकी कविताओं को पढ़ने और सुनने के लिए।

– प्यारेलाल अग्रवाल

कविताओं के प्रबुद्ध पाठक

वरिष्ठ ऐडवोकेट

मीरजापुर

अपनी बात

बीस वर्ष पहले सन् 2000 में मेरा पहला संग्रह – 'अनाज का दाना चुप है' प्रकाशित हुआ जिसे पाठकों ने हाथों हाथ लिया। उत्तर प्रदेश हिन्दी संस्थान ने इसे पुरस्कृत भी किया। इस संकलन की हजारों प्रतियाँ बिकीं और आज भी बिक रही हैं। निःसंदेह यह हमारे पाठकों के प्यार को तो दर्शाता ही है, हमारा आत्मविश्वास भी सदृढ़ करता है।

बीस वर्ष के लम्बे अंतराल के बाद अपना दूसरा काव्य संग्रह – 'अब ईश्वर नहीं बोलता' लेकर आपके सम्मुख हूँ। इस अतंराल का कारण मेरी अपनी बीमारी है। यह बात नहीं कि इस बीच मैं लिख ही नहीं रहा था। मेरा रचनाक्रम निरन्तर जारी रहा और मेरी कवितायें देश की प्रमुख पत्र–पत्रिकाओं में छपती रहीं, पाठकों की प्रतिक्रियायें भी लगातार आती रहीं। बिहार से, बंगाल से, मुम्बई से, दिल्ली और भोपाल से, उत्तर प्रदेश के विभिन्न जिलों से लोगों ने हमारी कवितायें पढ़ी और तत्काल अपनी प्रतिक्रियाओं से मुझे पत्र भेजकर या फोन द्वारा अवगत कराया। हंस, लमही, वागर्थ, उत्तर प्रदेश, देव भारती, पूर्वापर, हिन्दुस्तान, दैनिक जागरण, अमर उजाला जैसे पत्रिकाओं और पत्रों ने कविताओं को छापा और मुझे पाठकों तक पहुँचने का मौका दिया। समीक्षकों ने समीक्षात्मक लेख भी लिखकर मेरा उत्साह वर्धन किया। आकाशवाणी से कविताओं का लगातार विगत वर्षों में प्रसारण होता रहा। बावजूद इनके मैं संकलन निकालने की स्थिति में नहीं था।

बीस वर्ष का समय अनेक महत्वपूर्ण घटनाओं का साक्षी रहा और हमारी संवेदनशीलता को झकझोरता रहा। किसी भी कवि की कविता को समझने के लिये उसके काल और परिवेश को समझना बहुत आवश्यक है, क्योंकि उसकी कविता का उत्स उसका काल और परिवेश ही होता है। कवि अपने समय से मुठभेड़ करता है। परिणाम स्वरूप उसका चिन्तन, उसके विचार, उसकी जीवन दृष्टि, जीवन दर्शन और जीवन दर्शन के बहुकोशीय आयाम सब मिलकर कवि का निर्माण करते हैं। मेरा कवि इस काल की महत्वपूर्ण सामाजिक, राजनैतिक, धार्मिक घटनाओं, दुर्घटनाओं, विडम्बनाओं, विषमताओं के विरुद्ध तन कर खड़ा है। इसी संग्रह में एक कविता है – 'विद्रोही लहर' जिसमें एक विद्रोही लहर अन्य आतताई लहरों के विरुद्ध उछलती है और अपनी अस्मिता बचाने के लिये इतनी शक्ति के साथ उछलती है कि बूँद–बूँद उसकी मोती बन जाती है। दमन का प्रतिरोध की तरह होना चाहिए।

इस संग्रह में भय, भूख, भ्रष्टाचार, दहशतगर्दी, छद्म धार्मिकता आदि विसगंतियों के विरुद्ध में कवि मीनारों पर खड़े होकर पूरी ताकत से अजान देता है। यह बात दीगर है कि कभी उसकी आवाज़ भर्राई हुई, कभी भीगी–भीगी होती है। हर तरह की नाइन्साफी के खिलाफ वह हर हरावल दस्ता बनकर निकल पड़ा है।

हाँ, उसकी भाषा, उसकी भंगिमा सामाजिक, राजनैतिक, धार्मिक

सुधारवादियों की तरह नहीं है। वह अपनी प्रतिक्रिया, संकेतों, प्रतीकों और बिम्बों में देता है। उसका हथौड़ा दिखाई नहीं पड़ता पर उसकी

चोट से निकली चिनगारियाँ जरूर दिखाई देती हैं।

समकालीन कविता क्षणों की कविता होती है। क्षण–क्षण की

प्रतिक्रिया होती है और क्षणों में अनुभव के अनुभव की अनुभूति होती

है। इसलिये कभी इराक युद्ध की तो कभी माँ के वात्सल्य की, कभी जातिवाद, भ्रष्टाचार धर्मान्धता की तो कभी शहर में ठुँसी गलियों की, कभी

कजरी सोहर की झीर–झीर बूँदों की बात करती है मेरी कविता। मेरी कविता छोटी सी भी चीज को छोटी नहीं मानती चाहे वह कूड़ा हो या चमरौधा। अलग–अलग क्षणों में अलग तरह से आते हैं विचार जिन्हें वह प्रतीकों के माध्यम से प्रस्तुत करता है और अर्थ व्यंजना की बड़ी ऊँचाई तक उड़ान भरते हैं।

पेशेवर इतिहासकार कहीं के भी हों सच्चा इतिहास नहीं दे सकते। यह काम तो साहित्य ही कर सकता है। उसके तथ्यों में तथ्यों के अनुभूति की धड़कनें हैं। तुलसी हों, प्रेमचन्द लेखक हो या टालस्टाय, डिकेन्स हो या थैकरे सभी अपने समय का सच्चा इतिहास प्रस्तुत करते हैं। इसलिये इतिहासकारों से अधिक विश्वसनीय हैं।

कवि दर्शन की बात करता है परन्तु दार्शनिक की तरह नहीं, इतिहास की बात करता है पर इतिहासकार की तरह नहीं, राजनीति की बात करता है पर राजनेताओं की तरह नहीं। वह तो दर्शन, इतिहास, राजनीति और अपने काल का अर्क प्रस्तुत करता है। वह अर्क कभी मीठा तो कभी कसैला भी हो सकता है।

समकालीन कविता में विचार नहीं विचार की गूँज होती है। उसको सुनकर वाह–वाह नहीं, लोग चुप हो जाते हैं। मन बेचैन हो जाता है। यदि लोकहित में यह बेचैनी क्रियाशील हो गई तो कविता धन्य हो जाती है।

अंत में सहृदय पाठकों को यह काव्य संग्रह इस विश्वास के साथ सौंप रहा हूँ कि वे इसे बिना किसी पूर्वाग्रह के ग्रहण करेंगे।

रक्षा बन्धन

3 अगस्त 2020

प्रभुनारायण श्रीवास्तव

गैबीघाट, चेतगंज

मीरजापुर (उत्तर प्रदेश)

समीक्षा

कविता जब शिखर स्पर्श करती है तो सर्वकालिक हो जाती है। वह चित्त चेतना और चिन्तन को सम्पन्न कर देती है। हर कवि ऐसी कविता की रचना के लिए लालायित रहता है।

घटनायें, विसंगतियाँ, विडम्बनायें जो कवि को बेचैन कर देती हैं उनकी सनसनाहटों को लेकर उनके सृजनात्मक तत्व को ग्रहण करके वह जो रचना करता है उसकी अपील समकालीन एवं सर्वकालिक हो कर उभरती है। ऐसी कविता से ही जीवन का सनातन सत्य किसी श्लोक की तरह हमारी संवेदना का, हमारे चिन्तन का काव्यराग बन जाता है और शिलालेख की तरह संस्कृति का उपंग हो जाता है। उन्हें पढ़ने पर मन समृद्ध हो जाता है। कवि का चिन्तन साहित्य, संस्कृति, कला सबको पुनर्नवा कर देती है।

प्रभुनारायण श्रीवास्तव की बहुत सी कविताओं की गूंज दूर तक सुनाई पड़ती है और टिकी रहती है।

– डॉ0 सूर्यपाल सिंह

सम्पादक – पूर्वापर

1

प्रार्थना

जब मैं सिर्फ अपनी मुरादों के लिये
प्रार्थना करता हूँ
तो मेरा घर खुदगर्जी की बदबू से भर जाता है
जब मैं प्रार्थना करता हूँ
पड़ोसी की सुख शान्ति के लिये
मेरा घर लहलहाता हुआ उपवन बन जाता है
कलियाँ चटकने लगती हैं
फूल बेताब हो जाते हैं महकने के लिये
जब मैं प्रार्थना करता हूँ
अपने निन्दकों की सद्‌बुद्धि के लिये, उनकी समृद्धि के लिये
मेरा घर तीर्थ स्थान बन जाता है
गीता, रामायण, कुरान बन जाता है,
जब मैं अपने देश के लिये प्रार्थना करता हूँ
तो मेरा घर स्वाभिमान की खुशबू से गमकने लगता है
मेरे घर का रकबा बढ़ जाता है,
जब मैं पूरी पृथ्वी के लिये प्रार्थना करता हूँ

तो गिर जाती हैं देश, धर्म, जाति की सरहदें
मैं भक्ति नहीं समष्टि बन जाता हूँ,
जब मैं प्रार्थना करता हूँ
पूरे ब्रह्माण्ड के कल्याण के लिये
तो मेरी सारी अपावन वृत्तियाँ शांत हो जाती हैं
और मेरा घर सिर्फ पवित्र धाम बन जाता है
जहाँ रहता है सृजन का विस्मय
और विस्मय का विस्तार
और विस्तार का आनन्द।

2

माँ

माँ किसी शरीरधारी जीव का
नाम नहीं होता
वह तो लबालब पयोधर है
नहीं जानती फर्क जो बेटे और बेटियों का
सिर्फ बहने लगता है गंगोत्री के जल जैसा
निर्मल निष्काम होती हैं उसकी हिलोरें,
जब छलक पड़ता हैं उसकी आँखों से
सूरदास के पदों का सार तत्व
स्वर्ग डूब जाता है उसकी गहराइयों में
माँ इच्छा रहित इच्छा है
उसका शीतल स्पर्श किसी श्लोक की तरह पावन होता है
और छन्दों की तरह सघन
माँ का बहुवचन नहीं होता, हो ही नहीं सकता
वह अद्वैत है
वह किसी शरीरधारी जीव का नाम नहीं।

3

अब ईश्वर नहीं बोलता

जब घी और दूध की नदियाँ बहती थीं
तब ईश्वर बोलता था
तब भाई–भाई पर जान छिड़कता था
पिता बेटे के विछोह के अंदेसे से
प्राण त्याग देते थे
और बेटे विवश पिता की बलात इच्छा पर
राजमुकुट तक छोड़ कर जंगल चले जाते थे
खलनायकों की भी एक नैतिकता होती थी
सुरक्षित होती थीं अशोक वाटिकायें
फिर समय बदला
घी दूध की नदियां मटमैली होने लगीं
मुश्किल हो गया आचमन करना अब उनका
ईश्वर ने बोलना कम कर दिया
अब वह सिर्फ युद्ध के मैदानों में बोलता था
या फिर जब किसी खास स्त्री का चीर हरण होता था
अब पिता अन्धे होने लगे
पुत्र मोह के धन्धे करने लगे

भाई भाई को सूई की नोक के बराबर भी उसका हक
देने से इन्कार करने लगे
गुरू भी गुरू नहीं रहे
गुरू दक्षिणा में अंगूठा मांगने लगे
अवतार–पुरुष तक कन्याओं का
अपहरण करने में नहीं हिचकते थे
और तो और देवताओं के राजा
कवच कुंडल ठग कर ले लेते थे
और बड़े बड़े महारथी मुँह ताकते रह जाते थे
समय बड़ा वैसा था
फिर समय के साथ समय बदला
घी, दूध की नदियां
कहानी किस्सों में बहने लगीं
अब ईश्वर नहीं बोलता – कत्तई नहीं बोलता
तब भी नहीं जब धुंआधार बमबारी में
उड़ा दिये जाते हैं शहर के शहर
और ठूंस ठूंस कर भर दिया जाता है
आँखों में नफरत और अंधेरा
अपावन हो गईं वे सारी नदियां
जिनमें धोये थे खूनी हाथ हमलावरों ने
अब ईश्वर नहीं बोलता, कत्तई नहीं बोलता
सिरफिरे ज़ेहाद, खौफजदा बहू बेटियां
टुकुर–टुकुर ताकते अनाथ बना दिये गये
बच्चों की बढ़ती फौज
यही हैं इस समय की स्वर्णिम उपलिब्धयाँ
ईश्वर उदास है, बहुत उदास है
अब वह नहीं बोलता, कत्तई नहीं बोलता।

4

लकीरें

लकीरें बड़ी शातिर होती हैं
जमीन पर गिरती हैं तो
जमीन बँट जाती है कलेजा फट जाता है
कागज़ पर गिरती हैं तो
खानों में बँट जाती है पृथ्वी
और देखते–देखते नक्शों में
बदल जाती है दुनिया
जी हाँ, दुनिया का नक्शा ही बदल जाता है
एक देश दूसरे देश को निगल जाता है,
हथेली पर गिरती हैं तो पूछिये मत
जीवन की दशा और दिशा तक
तय कर डालती हैं,
कुछ लकीरें इतनी जबरदस्त होती हैं
कि अदृश्य होकर भी
खंड–खंड कर देती हैं आकाश की समग्रता
सागर की अखंडता

और कस देती हैं उन्हें
अंतर्राष्ट्रीय कानून के शिकंजों में
धर लिये जाते हैं बेचारे मछुआरे
और मार गिराये जाते हैं हवाई जहाज
जुर्रत करते हैं जब कभी वे लकीरों को नकारने की
हाँ, वश नहीं चलता उनका
चिड़ियों पर चीटि़यों पर तितलियों पर
हवा, बादल, खुशबू पर
नहीं निकल पाई हैं तरकीबें अब तक
उन्हें कैद करने की।

5

वृक्ष

बहुत रोया था उस दिन वृक्ष
जब उससे बिछुड़ कर
झर–झर गिर रहे थे उसके पत्ते,
हालांकि वह जानता था
पत्ते मौसम का घात प्रतिघात सह सह कर
सूख गये थे, समाप्त हो चुका था उनका रसायन
फिर भी भूल नहीं पा रहा था वह
उनकी जिन्दादिली उनका संगीत
तालियाँ बजा बजाकर हवा में नाचने का अंदाज,
उनके सपनों का उत्सव उसकी नींद हराम कर रहे थे
काठ बनकर रह गया है वृक्ष अब
उसके पास सिर्फ पत्तों की यादें रह गई
और रह गया उनका अपना आश्वासन
कि फिर वे लौटेंगे उसकी बाँहों में अधिक समृद्ध होकर
नया आस लेकर, नयी नयी रंगत के साथ
और पहना देंगे उसे नई पोशाक।

6

बूँद

माना कि बूँद सागर नहीं
सागर की तरह अपार रत्नों का खजाना भी
उसके पास नहीं
न तो उसमें वह गहराई, न वह विस्तार
ऊँची ऊँची लहरें भी नहीं पैदा कर सकता वह
पर यह भी तो सच है
कि सागर के ही ध्यान में निमग्न
अनन्त संभावनाओं से समृद्ध
वह सागर का सारांश है।

7

मेरे शहर में सड़कें नहीं रहतीं

मेरे शहर में सड़कें नहीं रहतीं
गलियाँ गलियों में ठुसी पड़ी हैं
वे नहीं जानती ऑक्सीजन–कार्बनडायअक्साइड का फर्क
इन्होनें कभी नहीं देखा है
हाइवे पर एक्सप्रेसवे की सनसनाती
फोरलेन सिक्सलेन की सड़कें
इनको नहीं मालूम
गुलमोहर के कतार के कतार पेड़
इन सड़कों को झुक झुक कर सलाम करते हैं।
कमाल है ऐसी सड़कों का पालन पोषण
गलियों के ही रक्त से होता है
पर सड़कें तो सड़कें हैं
गलियों को हिकारत की नज़र से ही देखती हैं
भड़क जाती है अगर कोई गली गलती से मुड़ जाय
इनके करीब से

भभकता रहता है सड़कों के हृदयस्थल तक घुसा
लोहा, बालू, सीमेंट जेठ बैसाख की तपती दोपहरी में
मजाल है नंगे पाँव घूमने वाली गलियाँ
इसे छूने तक की हिमाकत करें
जिन्होनें की वे बेमौत मारी गईं
हाईस्पीड मोटर गाड़ियों के धक्कों से।
गलियाँ तो गलियाँ हैं
अपने टाट के परदों में ही मस्त रहती हैं
इन्हीं परदों के पीछे से छन–छन कर आ जाती है कभी कभार
बन्ना बन्नी, कजरी, सोहर की झीर–झीर बुनियां
हँसी मजाक की फुहारें
बनारसी पान के जोड़ों की ढोलक मजीरों की जुगलबन्दी
दिन भर की थकान दूर कर देती है
सड़कों पर तो दस–दस बीस–बीस लाख की गाड़ियों में लगे
स्टीरियो में फुल वाल्यूम पर रौंदते रहते हैं
सड़कों का सन्नाटा
गुलमोहर के पेड़ बख्शीश में पा लेते हैं
शोर, धुआं, दहशत
सड़कें भागती जा रही हैं दिन रात
और शान से कहती हैं –
वे ग्लोबल हो गई हैं, आइटी, एआई से लैस हैं
राडारों की पहरेदारी में हैं
उनका अब खानदानी घर उनके लायक नहीं रहा।

8

वे दिन

अब माँग कर नहीं
छीन कर खाना चाहते हैं लोग
छीन कर सब कुछ
पा लेना चाहते हैं लोग
कहाँ गये वे दिन
जब भरे भवन में आँखें ही
आँखों को चख लेती थीं
और जिन्दगी भर नशे से
तर रहती थीं,
कहाँ गये वे दिन ?

9

आईना

आईना चाहे जैसा हो
टूट जाता है जरा सी चोट लगने पर
फिर जुड़ नहीं पाता
दरारें रह जाती हैं और छोड़ जाती हैं
खण्ड खण्ड प्रतिबिम्ब
खूबसूरत से खूबसूरत चेहरे
डरावने दिखने लगते हैं
हाँ, पानी के आईने की बात और है
वह टूटता है तो फिर जुड़ जाता है
कहीं कोई टूटने का निशान तक नहीं रहता।

10

झूठ और सत्य

यह तो आप जानते ही हैं
कि आग झूठ नहीं बोलती
पानी झूठ नहीं बोलता
मिट्टी, आकाश, हवा कोई झूठ नहीं बोलते
फिर आदमी क्यों बोलता है झूठ ?
वह तो इन्हीं पंच तत्वों से बना है न
कैसे माहिर हो गया इतना झूठ बोलने में
और गढ़ने में फरेबों के अलौकिक किले
कहाँ से पा गया इतनी ताकत इतना हुनर
मंदिरों के घंटे, मस्जिदों की अजानें, गिरजाघरों की मीनारें
इबादत के नाम पर नफरत और खौफ की जनमघुट्टी
कितने हिकमत से पिलाते हैं
कितने इत्मिनान से पेश करते हैं झूठ, संगठित झूठ।
इतने व्यवस्थित, मुकम्मल और महान होते हैं वे
कि सच, सिर्फ सच, सच के सिवा कुछ नहीं लगते

इनकी रखवाली करतीं पुलिस की सीटियाँ भी
डंके की चोट पर बोलती हैं झूठ
वैसे तो झूठ की होती है जुबान एक
पर बातें हजार –
हर बात शब्द भेदी बाण की तरह अचूक
पाँव भी होते हैं उसके हजार –
हर पाँव अंगद का पाँव
उसके सामने सच की बोलती बंद हो जाती है
अंधेरे में मरियल रोशनी की तरह पड़ा रहता है सच
खुदा को हाजिर नाजिर मानने वालो के हाथों
सिर्फ अपना कत्ल होते देखता रहता है
लगता है वह महज़ दफन होना ही जानता है।

11

मेरे भीतर एक सड़क है

मेरी भीतर एक सड़क है
जिसके ऊपर से गुजरते हैं
मोटे मोटे हाईटेंशन तार
इन तारों को सिर पर बैठाये
डायनासोर की तरह लोहे के खम्बे
अंतस् तक धंसे पड़े हैं
इन्हीं तारों के नीचे भागती रहती है जिन्दगी
इन्हीं के नीचे होती है दुआ सलाम बन्दगी
बेटी की शादी के समझौते
बेटे की पढ़ाई के लिए फीस के मनसौदे
और राशन पानी, कपड़े लत्ते की व्यवस्था
मेरे भीतर की सड़क
बुरी तरह घायल हो जाती है
जब उसके सीने पर होते हैं विस्फोट पर विस्फोट
और फूटते है कभी सांस्कृतिक कभी सियासी बम
तबाही बरपा करके

लुत्फ उठाने वाले तो गायब हो जाते हैं
अपने अपने एयरकन्डीशन्ड कमरों में
मेरे भीतर की सड़क तड़पती रहती है
झटके से कटी छिपकली की पूँछ की तरह
वह काँप उठती है जब समझदार लोग
बमों को डिफ्यूज करने के नाम पर
नये नये बम रख जाते हैं
इस खेल को देखते देखते घबरा गई है
मेरे भीतर की सड़क
पोछे तो पोछे कैसे अपने कटे हुये हाथों से अपना रक्त
ऋतुयें आती हैं, जाती हैं
सब कुछ इसी तरह चलता रहता है
पर्वत इसी तरह घेर कर खड़े रहते हैं हमें
सपने इसी तरह चोटियों पर
बर्फ में तब्दील होते रहते हैं
मेरे भीतर की सड़क हर आम हर खास आदमी को
रोक रोक कर पूछती रहती है
कब सुरक्षित होगा सड़कों पर,
चलना हमारी बहू–बेटियों का।

12

सब चुप हैं

सब चुप हैं
या चुप करा दिये गये हैं
हृदयाघात झेलते मरीज़ के इर्द–गिर्द
लोगों को चुप रहना पड़ता है
मरीज़ तो चुप रहता ही है,
बाहर सब कुछ ख़ामोश
पर भीतर उठता रहता है रह रहकर
चुप्पियों का शोर
ई.सी.जी. की मशीनें तक
पकड़ नहीं पातीं इनका आघात
कोई समझ नहीं पाता इनकी भाषा
इनकी अंतरध्वनियाँ
चुप हो जाने से
सबकुछ चुप हो जाता है क्या ?

13

बरगद

मेरे बेटे मेरे परिवार में हैं
मैं उनके परिवारों में नहीं
उनके परिवारों में
वे उनकी पत्नी उनके बच्चे
मेरे परिवार में
मैं, मेरी पत्नी, मेरे सारे बच्चे
बच्चों के बच्चे
बच्चों की तोतली बोली
डुगुर डुगुर चलती शब्दों की लटपट टोली
सौ सौ किस्से ऊधम मचाते इर्द गिर्द सब मेरे
कन्धों पर झूलें किस्सों के झिलमिल रंग
नन्द यशोदा की वत्सल स्मृतियाँ मेरे संग
वे जब भी वृत्त बनाते हैं
मुझको बाहर धर देते हैं
मैं जब जब वृत्त बनाता हूँ

बाहर उनको छोड़ कहाँ पाता हूँ
उनके हिस्सों की दूध–मलाई उनके सिरहाने
रख आता हूँ
जी हाँ, उनके सपनों से अपनी आँख सजाता हूँ
मेरा परिवार
उनके परिवारों से बड़ा है
बरगद के पेड़ की तरह खड़ा है।

14

आकाश धोखा है

यह जानते हुए भी कि आकाश धोखा है
शून्य का पर्याय है
हम उसे मुट्ठियों में कसने की
कोशिश पर कोशिश करते रहे
यह जानते हुये भी कि वस्तुएँ
अपना आकार धीरे–धीरे खो कर
पता नहीं कहाँ खो जाती हैं
हम उन्हें सहेज–सहेज कर
आलमारियों में रखते रहे
यह जानते हुए भी कि
चीजें या चीजों की चर्चा तक यहाँ टिकाऊ नहीं होती
हम टाइम–कैप्सूल पर टाइम–कैप्सूल
पृथ्वी में गाड़ते रहे
स्मारकों पर स्मारकें बनाते रहे
और खुश होते रहे
हर बार कुदरत हमें पीछे छोड़कर

आगे निकल जाती रही
इसी रमझल्ले में दिन बीतते रहे
और हम गुम होते रहे
हमें हमारी गुमशुदगी कहाँ ले जायेगी
कुछ पता नहीं।

15

अधूरापन

हम आधा आजाद हैं
आधा गुलाम
आधा फरिश्ता हैं
आधा शैतान
आधा जन्नत आधा दोज़ख
यह अधूरापन अजगर की तरह
आधा लपेटे हुये है पूरी कायनात को
और कायनात जब तक कायनात है
अधूरा है
पूरा तो सिर्फ शून्य है
शून्य में शून्य का लय, विलय, प्रलय
चलता रहता है
और कायनातें बनती बिगड़ती रहती हैं
आकार ग्रहण करते ही
शून्य भी अधूरा हो जाता है

16

जड़ें

जड़ें जड़ नहीं होतीं
हरिण्यगर्भा होती हैं
एक भरा पूरा वानस्पतिक समुद्र
हिलोरें लेता रहता है उनमें
एक मौन परा संगीत परवरिश करता रहता है
उनकी गर्भ में पलते
फूल की पत्ती की फल की
और सबकी प्रकाशोन्मुख अभिलाषाओं की
इतनी मजबूत होती है उनकी संकल्प शक्ति
कि सूरज, बादल, हवा, पानी सब
खिदमत करने को तत्पर रहते हैं
दिखावटी होती है उनकी प्रसुप्ति
अपनी सुरक्षा में धारण
मात्र एक आयुध है वह
जड़ें जड़ नहीं होतीं।

17

जंगल

जंगल जंगली नहीं होते
जंगली होते हैं जंगलों को काटने वाले लोग
कुदरत का खजाना लूटने वाले लोग
हर जगह गगनचुम्बी इमारतें बनाने वाले लोग
जंगल जंगली नहीं होते
चीखने लगती हैं हवायें
जब कहीं कटते हैं जंगल
चीखने लगते हैं बादल
डर जाता है इन्द्रधनुष
पृथ्वी कांप उठती है और छुपा लेती है
दिल की गहराइयों में अपना अमृत कलश
नदियों का गला जब सूखने लगता है
वे कभी रास्ता बदल कर चल देती हैं कहीं और
कभी छुप जाती हैं धरती मैइया की गोद में
सुना है बलात्कारियों को
कमसिन नदियां ही अधिक भाती हैं

विवश मौसम डबडबाई आँखें पोछता हुआ
खड़ा रहता है कटे हुये वृक्ष के थम्ब की तरह
हँसता तो सिर्फ रेगिस्तान है
जश्न मनाता है
किसी जंगल के कटने पर।

18

क्या ऐसा नहीं हो सकता ?

पता नहीं चलता
जब हवा–हवा के साथ जुड़ती है
पानी पानी से जुड़ता है
उनमें गांठें नहीं होती
न होती हैं दरारें
पर बातों से बातें जब जुड़ती हैं
उनमें जोड़ ही जोड़ दिखाई क्यों देते हैं
क्या ऐसा नहीं हो सकता ?
कि वे खुशबू और खुशबू की तरह मिलें
रोशनी और रोशनी की तरह मिलें
क्या ऐसा नहीं हो सकता ?

19

धमकियाँ

पहले टेबुल पर रहता था टेलीफोन
और टेलीफोन में डर
अब रहता है हमारी जेबों में
घनघनाता है तो बढ़ जाती है
दिल की धड़कन
घर की दीवारों तक का
ऊँचा हो जाता है रक्तचाप
धमकियों में भरे होते हैं बारूद
और बारूद में मौत।

20

मिट्टी – 1

बड़ी ताकत होती है मिट्टी में
खुश हो गई तो लाद देती हैं वृक्षों को
फूल से फल से
मौसम के टेढ़े मेढ़े सवालों के हल से
लहराने लगते हैं खेत खलिहान, कुएँ पर मस्ती के तान
नाराज़ हो जाती है
तो तन कर खड़ी हो जाती है दीवार बन कर
और बँट जाते हैं हँसते खेलते पुश्तैनी आँगन
फिर इसका गिरना बड़ा मुश्किल होता है
तूफान बनना पड़ता है हवाओं को
इसे गिराने के लिये
कभी गिरा पाती हैं, कभी हार जाती हैं
घृणा के समीकरणों से,
लम्हों की गुस्ताखी
सदियों को तोड़कर रख देती है।

21

मिट्टी – 2

मिट्टी कोई निर्जीव, मरी हुई चीज नहीं होती
सबसे ज्यादा समझदार और जिन्दा होती है वह
एक दाना छींटिये हजार दाना पाइये,
वह मौन रहती है
पर बेहिसाब आवाजों नें बोलता रहता है
उसका मौन –
कभी फूलों में तो कभी रंगों में
तो कभी मेहनत के महकते पसीनों में
सिर से पाँव तक सुगन्धित मौन ही मौन
मिट्टी बड़ी समझदार होती है
बारिश न होने पर भी
वह एहतिहात से परवरिश करती रहती है
वृक्ष की, वृक्ष के जड़ों की
और देती रहती है जिन्दगी का आश्वासन
हाँ, कभी–कभी गुम–सुम हो जाती है रेत की तरह
जब गिरता है उसकी छाती पर रक्त

किसी बेगुनाह का
या जब देखती है वह काली आँधियों का नंगापन,
बर्दाश्त के बाहर होने पर
वह मिट्टी में मिला देती है उन तमाम दरिन्दों को
जिन्होनें मिट्टी को मिट्टी समझकर
रौंदने की कोशिश की।

22

सब कुछ

घर में सब कुछ है
पर सब कुछ में सब कुछ नहीं
सब कुछ की ललक ने
सब कुछ निगल लिया
सब कुछ छोड़ के सब कुछ उगल दिया
सब कुछ में सब कुछ जोड़ता हूँ
तो हाथ आता है सिफर।

23

किसी को बुरा नहीं लगता

बड़े खतरनाक दौर से गुजर रहा है समय
किसी को बुरा नहीं लगता अब
भेड़ियों का बच्चों को उठा ले जाना
और पड़ोसियों का निर्लिप्त भाव से
सिर्फ क्रिकेट कमेन्टरी सुनते रहना,
किसी को बुरा नहीं लगता अब
न्याय की तुला का एक तरफ झुक जाना
और हेकड़ी की नायाब दलीलों पर दलीलें
सुनते रहना,
किसी को बुरा नहीं लगता
नींद से मीठे–मीठे सपनों का चोरी हो जाना
और भर जाना उसमें गड्डमड्ड शोर
किसी को बुरा नहीं लगता
हवाओं का वजूद बचाने के लिये
मौसम को घूस देते रहना और चुप रह जाना
किसी को बुरा नहीं लगता

नफरत के कोहरे में पड़े रहना और हरदम
रोशनी को कोसते रहना
समय बड़ा खतरनाक है
चेहरे पर आँख है, कान हैं
पर गायब नाक है
समय बड़ा खतरनाक है।

24

इस सुपरसानिक युग में

इस सुपरसानिक स्पीड से भागते साइबर युग में
चमक उठती हैं माँ बाप की आँखें
बच्चों का बुढ़ापा देख–देख कर
कम्प्यूटर के सामने बैठे बच्चे
सबसे अच्छे बच्चे माने जाते हैं
बिलगेट्स से लेकर महामना ट्रंप तक
उठा लेते है उन्हें गोद में
ढूँढने से भी नहीं मिलता अब
ऊधम मचाता बचपन
चिड़ियों को देख–देख कर
चिड़िया बन जाने वाला बचपन
बरसात में खड़े हो कर घंटों
वीरबहूटी देखने वाला बचपन
बादलों में घोड़ा, हाथी, भालू ढूँढने वाला बचपन
अच्छा नहीं लगता खुद से बातें करने वाला बचपन
अब तो जिन्दगी के दांवपेंच जल्दी जल्दी सीखने वाला

बचपन सबसे अच्छा बचपन माना जाता है
देखने लायक होती है मॉनिटर पर
सूचनायें खंगालते बच्चों की मुद्रायें
बिना शक्ल वाली चिन्तायें उल्काओं की तरह
उठती गिरती रहती हैं उनके सामने
और वे गुमसुम उन्हें देखते रहते हैं
उनके जेहन में रंग–बिरंगी कल्पनायें
और कहानी किस्से सुनाने की जिद करतीं लालसायें
कार्टून फिल्मों और कम्प्यूटर गेम्स की बाढ़ में बह गईं
सपाट पुतले में तब्दील हो कर रह गया है बचपन।

25

विद्रोही लहर

वह नदी की एक विद्रोही लहर थी
नापसन्द था उसे
पड़ोसी सभ्य लहरों का रह रहकर
रौंदना उसके अस्तित्व को, उसकी अस्मिता को
नापसन्द था उसे
वहशी अंगड़ाइयों को सौंपना
अपनी अस्मत
चुनांचें इतनी जोर से उछली वह एक दिन
कि बूंद–बूंद उसकी बन गई मोती।

26

तटस्थता

बड़े दुनियावी होते हैं जंगल के पेड़
तटस्थ हो जाते हैं
जब किसी और पेड़ को लग जाता है
सूखा रोग और खोखली होने लगती है
उसकी अंतड़ियाँ
विवाइयों की तरह फट फटकर
गिरने लगते हैं उसके छाल
कोई नहीं बढ़ता आगे
अपनी आद्रता के लेकर कुछ अंश
उसकी ख़लिश मिटाने के लिये
प्राण उड़ेल देने के लिये उसके प्राणों में
अजीब होता है उनका सौंदर्य शास्त्र
हरे भरे फलदार वृक्षों से ही होते हैं
उनके लेन देन के सम्बन्ध

27

दिल्ली का पालिका बाजार

इस बाजार को बनाने से पहले ही
सोच लिया था इंजीनियरों ने
कि बनना है, जलेबी की तरह चक्करदार
पेंच दर पेंच मुहावरेदार
गोल–गोल मुकरियों की तरह धारदार
उनके नक्शों को तोड़कर बन गया है अब यह
और भी अधिक, उनकी उम्मीदों से भी ज्यादा चालाक
लगा लिया है इसने चेहरे पर अपने
सहस्त्राधिक कौड़ियों की तरह आँखें –
गजब की तीक्ष्ण आँखें!
चीताचोर कमान की तरह करता है यह
झुक झुक नमन
इसकी नमनीयता के यज्ञकुंड में
चलता रहता है निरन्तर सौदेबाजी का हवन
शास्त्रज्ञ पढ़ते रहते हैं मंत्र
और चोख करते रहते हैं मन ही मन

अर्थशास्त्र के नकेल, वेमुरव्वत यंत्र
टाइगर स्किन की तरह होते हैं
इसके शरीर पर स्पाट्स
अपने स्किन के स्पाट्स इसको जकड़े रहतें हैं
यही इसकी मजबूरी है
यही इसकी ताकत
गुज़र जाईये बगल की दुकानों से
तो कभी खट्टा कभी मीठा हो जाता है मन
इंग्लैण्ड, अमरीका, फ्रांस, जर्मनी
सभी लटके रहते हैं खूंटियों पर अलमारियों में
उल्टे सीधे इसके दरबार में
इफेल टावर की तरह तन कर बैठते हैं
हेराड के वंशज
मैनहट्टन की तरह पसरे, दोहरी तिहरी कमर वाले
इस लेबियाथन की आंतों में
सिकुड़ कर उकड़ू बैठ जाते हैं
दूरदराज से आये जसवन्त, बलवन्त, खुशवन्त के रंगीन सपने
जब गुजरते हैं इसकी दुकानों से
कुछ खरीदारों की जेबों में तो चहकती हैं बुलबुले
कुछ की जेबों में मर जाते हैं फड़फड़ा कर पंख
हिन्दुस्तान के चीबड़े गांव
कुछ की जेब ही नहीं होती
होती भी हैं तो यू.पी., बिहार की तरह फटी हुई
हाथी तक बेचने वाले हार्टन, हेराड की परम्पराओं के सामने
हक्का बक्का रह जाता है दुखहरन
उसकी धोती के भीतर चील कौवे उड़ने लगते हैं
ढूँढने लगता है वह जगहें बाहर निकल भागने की

पालिका बाजार हमारी क्रयशक्ति का शो रूम है
आते रहते हैं पालिका बाजार में
मौसम पर मौसम
हर मौसम की टटोलता रहता है वह जेबें
बड़ी नकचढ़ी होती हैं मोलभाव की अदायें
बड़े बड़े गबरू जवानों की कट जाती है नाक
इसका स्थापत्य और शिल्प ही ऐसा है।

28

भवानीपुर कांड – 2001

सन्न रह गया था खड़ा मेड़ पर
वह आदिवासी पेड़ महुए का
बहुत रोये थे खुरपी, कुदाल और हंसिया उस दिन
जब अचानक चलने लगी थीं गोलियां
पुलिस की बन्दूकों से खेतों में
गिरने लगे थे भागती पगडन्डी पर
धड़ पर धड़ बेगुनाह नाबालिग़ सांबा कोदो के
सुना, बड़ी मिन्नतें की थीं उन सबने
सुना, उठा दिये थे हाथ उन्होनें दोनों
चिल्ला चिल्ला कर बतलाया था –
वे तो ऊसर खेतों में कभी कभार दिख जाने वाले
निरपराध अंगुलभर के अंखुआ हैं
या फिर चौराई के साग, पात, बथुआ हैं
पर बन्दूकें तो बन्दूकें हैं
जन्म–जन्म से अन्धी–बहरी ही होती हैं

बन्दूकों ने उनको ख़तरनाक बन्दूकें ही माना
लाल किताबों का जीवित पन्ना कहकर पहचाना
तड़ तड़ चलीं गोलियां चौतरफा –
चीखें चीखों की चीखें शान्त हो गईं
स्तम्भित सी खड़ी की खड़ी रह गई हवा
दिशायें क्लांत हो गईं
दर्ज हो गया वह खूनी दिन दस्तावेजों में – ''विजय दिवस''
कांटेदार झाड़ियों तक के दिल दहल उठे
पीर बावर्ची भिश्ती खर तक के ख्यालों में
पुरस्कार, बख्शीशों की ख्वाहिश के
ऊँचे ऊँचे महल उठें
पर दुनिया तब तक जान गई थी सच्चाई
कि कत्ल हुये जो फूल 'लाल' नहीं मटमैले थे
भूख प्यास के जिन्दा थैले थे
सिसक–सिसक कर रोये थे छुप–छुप कर
रात–रात भर औंधे मुँह
चौके में हांडी तावा कलछुल
चूल्हा आबादी के चेहरों सा
दहशत में रहा हुआ
जश्न मनाया झूम कर साहब की वर्दी ने
हाँ, कुछ शब्द गिरे थे जरूर दिल्ली के हमदर्दी में।

29

जल

जब तक विदेह रहता है जल
उड़ता रहता है बादलों के संग
इन्द्रधनुष बनकर आकाश में छा जाने की संभावना
जल तरंग की तरह हवाओं में बज–बज उठने की ललक
अनुप्राणित करती रहती है उसे
देह ग्रहण कर पृथ्वी पर जब आता है
सूखी नदियाँ हताश नाले
सभी सम्पन्न हो जाते हैं
लहलहाने लगते हैं खेत खलिहान
तृप्त हो जाती है पृथ्वी,
लोट–पोट कर धरती पर
लौट जाता है जल बादलों के घर
और विदेह हो जाता है
बादल बनकर।

30

चिड़िया

चिड़िया आत्मविश्वास की
पताका होती है
उसकी आँखों में तिनकों से लेकर आसमान तक
कब्जा कर लेने की ललक होती है
उसका तालमेल बराबर बना रहता है
पृथ्वी और आकाश दोनों से
ताने बाने की तरह बुने रहते हैं उसके गीतों में
पृथ्वी की लय और आकाश के छन्द
उड़ानों के दौरान
घास फूस, मिट्टी गोबर की स्मृतियों से
लिपे पुते होते हैं उसके गीत
पृथ्वी पर चाँद तारों के सपनों से
रौशन होती रहती हैं उसकी तारीकियां
कभी उसकी लय भंग नहीं होती
कभी नहीं होता छन्द दोष।

31

असमंजस

बड़े असमंजस में पड़ जाता हूँ मैं
चाहते हुये भी नहीं कर पाता नफरत
उन तमाम सजातियों से
जिन्होनें बना ली हैं सजातियों की टोलियाँ
दस–दस सिर बीस बीस आँखों वालों के बीच
कुबड़ी–कुबड़ी लगती है अपनी औकात
बाँटा जाता है यहाँ पूजा का प्रसाद तक अब
पूछ–पूछ कर सबकी जात
पूरे मुहल्ले में बैना पहुँचाने वाली नाउन चाची
कब की विदा हो गईं
कब की विदा हो गई मुहब्बत की चाशनी में पगी हुई
खानदानी हँसी
ननद भौजाई, देवर भाभी की ठिठोली
पहुँचा आती थीं जिन्हें खांची की खांची
घर घर में

पूरा मुहल्ला रस की डोर में बंधा हुआ
तरोताजा महसूस करता था
चाहते हुये भी नहीं कर पाता नफरत
इन जातिवादी टोलियों से क्योंकि इन्हीं टोलियों में
ब्याही जायेंगी हमारी बेटियाँ
और यहीं से आयेंगी हमारी बहुयें
इन टोलियों में पुख्ता होता रहता है विश्वास
की दूसरी जाति में तो सिर्फ म्लेच्छ होते हैं
वो म्लेच्छ ही बोते हैं और म्लेच्छ ही काटते हैं
अपनी जाति के बेईमान–चरित्रहीन नेताओं की
जूठी पत्तल चाटते हैं
तर्क कुतर्क की छौंक बधार कर भाई चारे का कूरमा बनाते हैं
चाहते हुए भी नफरत नहीं कर पाता इनसे
क्योंकि इनके बीच रहने पर मेरा सिर मेरे धड़ से जुड़ा नहीं
रहता
धड़ ही धड़ से बतियाता है
पहले कुंवे में भांग मिलाता है
फिर घर–घर नशीला घोल पहुँचाता है
धड़ का धड़ पर बड़ा भरोसा होता है
टुकड़े–टुकड़े पड़ा हुआ मेरा अपना मैं
चाहते हुये भी नफरत नहीं कर पाता इनसे
क्योंकि आधे में भेलूपुर आधे में बनारस।

32

इतिहास की मौत

(इराक पर अमेरिकी हमले के प्रतिरोध में लिखी गई कविता)

इतिहास की मौत बड़ी दर्दनाक होती है
चाहे वह बाबरी मस्जिद बनाने में हुई हो
या उसे ढ़हाने में
बार–बार मारी गई हैं सभ्यता की
मासूम नाबालिग निशानियाँ
कभी अयोध्या में, कभी सोमनाथ में
कभी कामरान में तो कभी मेसोपोटामियां में
अपना इतिहास लुटा कर
पागलों की तरह चीखी है सभ्यता
फिर सुन्न पड़ गई उसकी इन्द्रियाँ
लोगों ने इसको डार्क पीरियड कहकर
पल्ला झाड़ लिया
तानाशाहों की सनक ने कई बार छीने हैं
पुरखों द्वारा तराशे गये चिराग़
हाथ से बनी ईटें, मिट्टी के बर्तन

जिनकी पेंदियों में आज तक अंकित हैं
उनके अंगूठों के निशान
और उन निशानों के बीच से
गुजरे हुये तूफान
लुटेरे तो लुटेरे हैं
उन्हें क्या पता कि सभ्यता ने सीखा है
इन्हीं वस्तुओं के बीच
खेल–खेल में घुटनों–घुटनों चलने की
आदिम कला, संस्कृति की असंख्य भंगिमायें
भाषा और विज्ञान के नये–नये तेवर
और पाई है इन्हीं के बीच
दो पैरों पर तन कर चलने की ताकत
छोड़ दिया था सबूत के तौर पर इन दस्तावेजों को
अगली पीढ़ी को सौंपने के लिये,
तेल पीने की कभी न तृप्त होने वाली प्यास ने
इस बार पागल बना दिया
दुनिया को सभ्य बनाने का दावा करने वाले
शिष्ट लुटेरों को
ईराक में उड़ गये सूखे पत्तों की तरह शहर के शहर
धुँआधार बमबारी में
लहरों पर चढ़कर आये थे कुछ
कुछ काली बारिश धूल और धुँवे को लेकर उतरे थे
अपनी अपनी छतरी से
घन घमन्ड सा घहराते थे नभ में
जरासन्ध की तरह जुड़े थे दोनों के दो पल्ले
अमरीकी शाखों पर फूट रहे थे
बरतानी कल्ले

इस बार महमूद गजनवी और मुहम्मद गोरी ने मिलकर
भारत को नहीं सीरिया के संग्रहालय लूटे थे
अमरीका, ब्रिटेन और यूरोप के
संग्रहालयों को मिटाने के लिये भूख
लुटेरे डाल दिये हैं डेरा
तब्दील हो गये हैं बेशकीमती शहर
बेशकीमती खंडहरों में
ईसा पूर्व की विरासत मेडल और शील्डों की तरह
ले जा रहे अपने अपने देश
इतिहास दम तोड़ रहा
जमीनदोज़ हो कर फिर जमीन में दफन हो रहा
और लुटेरे लूट रहे इन्सानियत के नाम पर
फिर इन्सानियत को।

33

सांड

सांड बैल नहीं होते
उनका खेतीबाड़ी से
कत्तई वास्ता नहीं होता
बैलों की तरह न तो वे सामान ढोते हैं
न खेत सींचते हैं
चाहे गन्ने का खेत हो या फूलों की क्यारियाँ।
बस्ती उनको पाल पोस कर
बाबा भोलेनाथ को समर्पित कर देती है
वे नाक हैं पूरी बस्ती की,
सांड की पीठ पर लगा होता है
मुहर का ठप्पा
यह बात दीगर है कि
ठप्पा सरकारी है
या किसी मानिन्द हस्ती का,
सांड सब कुछ खा पी सकते हैं बेरोक टोक
बुलेट की तरह जहाँ चाहे वहाँ चल सकते हैं
अपनी मंजिल पर पहुँच कर ही दम लेते हैं सांड
हालांकि उनकी कोई मंजिल होती नहीं।

34

चमरौधा

खाई बहुत चौड़ी हो गई अब
चमरौधे और बाटा, लखानी ऐक्शन के जूतों के बीच
हालांकि दोनों के काम एक, जीन्स एक, खानदान तक एक
पर हो गया अब रहन--सहन अलग
चमरौधा आज भी तेल पी रहा
और पहले की तरह ही चिंचियाता है
कम्पनियों की संस्कृति में ढ़लकर
बाजार में उतरे चमचमाते जूतों को
यह सब बिल्कुल अच्छा नहीं लगता
चेरी ब्लाज़म के नीचे बात तक नहीं करते
मुलायम ब्रशों से ही करवाते हैं चेहरों पर
क्रीम पालिश की महँगी मालिश,
आखिर उन्हें जाना पड़ता है देश–विदेश
बड़े बड़े कान्फ्रेंसों में बैठ कर
लेने पड़ते हैं बड़े–बड़े निर्णय
चमरौधा आज भी गाता फिरता है

वही पुराना निर्गुन –
'बंसिया बजावत जोगिया आवत होइहैं ना'
आज भी ढूँढ़ता रहता है अपने जोगिया को
और घूमता रहता है धूल–धक्कड़ गोबर–मिट्टी से पटी
पगडंडीनुमा सड़कों पर
ज्यादा से ज्यादा चौधरी की चौपाल
या कोर्ट कचरही तक है उसकी पहुँच
देखते ही उसको तहसील के बाबू से लेकर
कचहरी के दलालों तक की खिल जाती हैं बाँछें
हर जगह कटवा के ही आता है अपनी जेब,
पहले जब पड़ती थी चमरौधे की मार
बड़े बड़ों का ठिकाने हो जाता था दिमाग
दुर्जनवा मेहतर, भग्गू कोंहार से लेकर
दुर्जन सिंह परधान तक धारण करते थे उसे
और बख्शते थे पूरी इज्ज़त घर बाहर
अब उसकी सीयन सीयन टूट रही है देखकर अपनी ही
बिरादरी के
चमाचम निर्यातोमुन्खी जूतों की रंग बिरंगी सोसाइटी
और उनकी हिकारत भरी निगाह
चमरौधा गुमसुम पड़ा रहता है अब कोने अंतरे में

35

यह कैसा युद्ध है भाई

यह कैसा युद्ध है भाई ?
मुर्दे जिन्दों को मार रहे हैं!
बिना चीन्हे उनकी गर्दन उतार रहे हैं!
न कोई मंजिल, न कोई मकसद, न कोई मुकाम
मकसद है भी तो मचवाना सिर्फ कोहराम
दिन हो या रात, सुबह हो या शाम
थकने का नाम ही नहीं लेते
थकते तो जिन्दा लोग हैं न,
मुर्दों का कोई धर्म होता है क्या?
पता नहीं किस खुदा का देते हैं पैग़ाम
न मस्जिदें समझ पाती हैं न मन्दिर
न साधू, न फकीर
पर पैग़ाम हैं कि आते ही रहते हैं
दुनिया बनाने वाला, पालन पोषण करने वाला
रहमत की बरसातें देने वाला

मिल्लत की बातें करने वाला ईश्वर
पता नहीं किस गुफा में गुम हो गया है
युद्ध जारी है
जिन्दा लोग कम होते जा रहे हैं
मुर्दों की तादाद बढ़ती जा रही
लगता है एक दिन बिना शक्ल वाले
मुर्दे ही मुर्दे रह जायेगें
जिन्दगी की बातें करने वाले
कहानी किस्से हो जायेंगे।

36

समय–समय की बात

बचपन में डांटते थे हम
अपने बच्चों को
और सिखाते थे उन्हें तौर तरीका
दुनिया में रहने की तमीज़
ताकि सड़कों पर पहन कर
न निकलें वे उल्टी कमीज़
अब जब वे हो गये बड़े
हो गये तमीज़दार
वे डांटते हैं हमको पहनने के लिये
सीधी कमीज
और ठूँस ठूँस कर रखने के लिये अपनी जेबों में
ढेर सारी सतजुगी बातें
समय समय की बात है
चलते चलते कलैया खाने लगता है
समय।

37

ईटें

मिट्टी की कोई जात होती है क्या ?
कोई धर्म, सम्प्रदाय होता है क्या ?
फिर जब ईटों में तब्दील हो जाती हैं वे
और लग जाती हैं मन्दिरों में, मस्जिदों में
हिन्दू मुसलमान कैसे बन जाती हैं ?
उन्हें तो सभी ने मिलजुल कर बनाया था न
इबादत, उपासना में बैठी शान्त ईटें
जाति, मज़हब, संप्रदाय के नाम पर
चलने कैसे लगती हैं ?
न मिट्टी की समझ में आती है यह बात
न ईटों की।

38

मुहब्बत की इमारतें

जितने भी पत्थर फेंकते हो हमारे ऊपर
हम उनको जोड़ बटोर कर बना लेते हैं
मुहब्बत की इमारतें
बना लेतें हैं ऐसी इमारतें
जिनसे निकलती रहती हैं सलामती की दुआयें
और वफादारी की खुशबू
लपटों वाली धूप में मुहइया कराती हैं वे
दो घूँट तृप्ति और मुट्ठी भर छांह
शाम की डरी–डरी हताश किरणें
यहाँ विश्राम पाती हैं
यहीं पाती हैं वे अंधेरों की धमकियों से निजात
उनसे जूझने की ताकत,
जब हम नहीं रहेंगे
तब भी ये इमारतें रहेंगी
हालाँकि मौजूद रहने के बावजूद
नहीं दिखाई पड़ती ऐसी इमारतें

दिलों में रहने वाली चीजें
दिखाई पड़ती हैं क्या?
इतिहास ऐसी अदृश्य इमारतों को
सहेज–सहेज कर रखता है।

39

अनुशासन

बड़ा कठोर होता है अनुशासन
कुदरत की दुनिया का
पत्तियाँ जड़ों का हुकुम बजाती रहती हैं
और फूल पत्तियों की रंगामेजी से
मेल खा कर ही खिलते हैं
कभी पेड़ की तहजीब के बाहर जाकर
लाउड नहीं होते
डालियाँ आवारा हवाओं के साथ
भागती नहीं
भागने की जुर्रत की
तो टूटना पड़ता है उन्हें
फिर पेड़ से उनके सारे ताल्लुक
खत्म हो जाते हैं
जड़ें उन्हें पहचानतीं तक नहीं
कुदरत की दुनिया का
वसूल ही ऐसा होता है।

40

पता नहीं क्यों

पता नहीं क्यों
मुझे होने लगता है अपराध बोध
देख–देख कर भूख से दम तोड़ते बच्चों को
(बचपन बचाओ आंदोलन की कसम)
पता नहीं क्यों
मुझे होने लगता है अपराध बोध
देख–देख कर बिना दवा–दारू, देखभाल के
मरते वृद्धों को
(वरिष्ठ नागरिक संगठनों की कसम)
जहाँ कहीं भी होती हैं हत्यायें, बलात्कार
मुझे लगता है मैं हत्यारों, बलात्कारियों के ही
गिरोह का हूँ
घोटाले बाज नेताओं और घूसखोर अफसरों के
जमात् में शामिल हूँ
तभी तो चुप रह जाता हूँ हर वारदात पर
मेरा स्थगित प्रतिरोध,

मेरी नपुंसक सहानुभूति और झूठी दरियादिली
मेरे शरीर में हजारों बुलेट उतार देती हैं
और मैं उफ तक नहीं कर पाता
यह सब देखते–देखते, सहते–सहते
आदत पड़ गई मुझको चुप रहने की
और बचकर निकल भागने की
दूर गिरती हुई दीवारों से।

41

मेरी कविता

मेरी कविता मेरी पत्नी को
समझ में नहीं आती
जो मेरी हूँ हाँ तक समझ लेती है
मेरी कविता मेरे सामने वाली दीवार को
समझ में नहीं आती
जो मुझे घेर कर खड़ी रहती है
मेरी कविता को समझती हैं
चिड़िया की डबडबाई आँखें
जिन्होनें देखा है चील के मुँह में
अपने बच्चों की दबोची गई पांखें।
मेरी कविता को समझती है वह
जो कभी तोड़ती थी पत्थर 'इलाहाबाद के पथ' पर
मेरी कविता उसके हर चोट पर
चिनगारी की तरह निकल निकल पड़ती है।
जुबान से नहीं इशारों में बातें करती है मेरी कविता
शब्द को जब हम निःशब्द में घोल देते हैं

मेरी कविता बुलन्दियों से मुलाकातें करती है
मेरे प्रिज्म से गुजर कर वह
नये नये अर्थ बिखेरती है –
अर्थ जिन्हें पलकें उकेरती हैं
मेरी कविता में रंगे–गुल से बुलबुल के पर बाँधें गये हैं
पर ही पर अपने यार को नाम लिखा गया है
मेरा यार बखूबी उसे पढ़ लेता है
हर बार जब आप मेरी कविता नहीं समझते
तभी होती है वह आर पार
इतनी नाजुक मिज़ाज है वह
कि अक्ल का बोझ बर्दाश्त नहीं कर पाती।
प्रतीकों के घोसलों में बिम्ब पालती है वह
अनाज के पके हुये दानों को दूर–दूर से लाकर
उनके मुँह में डालती है
बिम्ब धीरे–धीरे बड़े हो जाते हैं
धरती से आकाश और आकाश से
धरती तक की परिक्रमा कर डालते हैं
मेरे परिब्राजक बिम्ब स्थावर मुट्ठियों से
फिसल–फिसल कर
वृक्ष से तो बतियाते हैं पर समीक्षा को मुँह चिढ़ाते हैं।
क्या करूँ मेरे मित्र ?
जब समुन्दर में लग जाती है आग
मछलियाँ वृक्षों पर चढ़ जाती हैं
और पत्ती–पत्ती पर नाचने लगती है
प्रतीकों की ही भाषा बोलने लगती है
भाषा फकीरों की तरह नंगी हो जाती है
करघे पर जब होने लगती हैं

शब्दों की भीनी–भीनी बुनावट
बेलबूटे खुद–ब–खुद बनने लगते हैं
मेरी कविता मेरे वश में
नहीं रह जाती।

42

कुदरत

कुदरत का मालखाना ही ऐसा है
कि जो चाहे ले लो
जरूरत भर की हवा, जरूरत भर की रोशनी
जरूरत भर का पानी
इफरात खुशी और मौसम की जिन्दादिली
और यह सब बिना दिये कोई ब्याज
बिना लगाये कोई सोर्स
वहाँ कोई हिडेन शर्तें तो होती नहीं
सिर्फ एक वादा चाहती है कुदरत
वापस कर देने की
खिलखिलाती हँसी और मुकम्मल दरियादिली
ताकि आगे भी बँटती रहे
मुहब्बत की खुशबू
बिना लिये किसी से ब्याज
बिना किन्हीं हिडेन शर्तों के
कुदरत के यहाँ सब की साख
बड़ी मजबूत होती है।

43

बच्चे

समझ में नहीं आता
आजकल बच्चे क्यों बनाते रहते हैं चित्रों में
आदमी के धड़ पर जानवरों के सिर
क्यों बनाते रहते हैं स्कूलों में
गुरूजनों की जगह बिगड़ैल भैंसे
मंदिरों, मस्जिदों, गुरुद्वारों के कंगूरों पर
आदमियों के कटे हुये सिर,
कुछ बच्चे अपने चित्रों में
बनाते तो हैं धारा सभायें पूरी शान शौकतवाली
पर वक्ताओं की जगह वे बना देते हैं उल्लू
और श्रोताओं की जगह गधे
उनके चित्रों से कोमलता गायब होती जा रही
इन्हें देखने पर लगता है
जैसे कोई पानीपत के मैदान में नगाड़ा बजा रहा
माँ, बाप, भाई, बहन के कलेजे को घिस–घिस कर

चपटा बेडौल डील का मुहावरा बना रहा
पैसा और पैसे की रस्सा कसी में
ऐसी जातिवादी मुर्रियाँ देते हैं वे कि
समाजवाद, पूँजीवाद सब धड़ाम से
गिरते दिखते हैं
साइबर युग के बच्चों का मनोविज्ञान
इतना अल्ट्रासानिक कैसे हो गया, कुछ समझ में नहीं आता
मुश्किल हो गया है चेहरा पर चेहरा पहनकर
कहीं निकलना या कुछ कहना।

44

आकाश

ऐसा मालूम होता है
कि नदी कभी आकाश नहीं बन सकती
पर यह हकीकत है
कि आकाश नदी बन जाता है
उसके रोम–रोम में समा जाता है
समेट कर अपनी समग्रता
अपना विस्तार
अपना वैभव
फिर तो नदी आकाश के रंग में रंग जाती है
वह आकाश हो जाती है

45

फूल

फूल चाहे जितने सुन्दर हों
चाहे जितने खिले खिले हों
पर होते हैं पूरी तरह गुलाम
उनकी अपनी मर्जी नहीं होती
अदृश्य नियमों के गिरफ्त में रहना पड़ता है उन्हें
उनका सब कुछ ऋतु–चक्रों के अधीन होता है
गलतियाँ तक नहीं कर सकते
गलतियाँ तो सिर्फ इन्सान करते हैं
वही समर्थ होते हैं
उन्हें कुछ करने न करने की होती है आजादी
वे कहीं विवश नहीं
पूरी तरह आजाद हैं इन्सान होने को या शैतान।

46

कोशिश करो

कोशिश करो
चिलचिलाती धूप में भी उगने की
पलाश की तरह खिलने की
कोशिश करो
देवदार की तरह हो जाने पर भी
झुकने की
लहरों की तरह टूट–टूट कर भी
जुड़ने की
करो अतिक्रमण करो अपना
अपने भीतर उठते झंझावातों का
मौसम के घातों–प्रतिघातों का
कोशिश करो
पल–पल पुनर्नवा होते रहने की
जैसे करती है कोशिश
दीये की लौ

जैसे करना है कोशिश
आकाश का रंग
कोशिश करो
कोशिश करो।

47

हवा

हवा पूरी तरह धार्मिक होती है
पर उसका कोई धर्म नहीं होता
मजहबों में बँधना उसे कत्तई ग़वारा नहीं
बँधे बँधाये मार्गों पर उसे तलाशा जा सकता है क्या ?
जिसे स्पर्श कर लेती है
वह सहज हो जाता है – एकदम दूसरी तरह का आदमी हो
जाता है
अच्छी तरह जानती है हवा कि न कहीं पूरब है न पश्चिम
चुनांचे न वह पुरुवा होती है न पछुआ
यह बात दीगर है कि पूरब, पश्चिम, उत्तर, दक्षिण से
घूम टहलकर आ सकती है वह
जिधर उसकी मरजी चल देती है
और समय की चाल की तरह चलती ही रहती है।

48

पतझर

पतझर में सब कुछ लुट जाने पर भी
बनी रहती है वृक्ष की जीवन–शक्ति
बना रहता है जड़ों से आत्मीय लगाव
हवा, मिट्टी, पानी से संवाद
आश्वस्त करते रहते हैं वे
देख कर उसकी बढ़ती मायूसी
धीरे–धीरे समय बीत जाता है
और कोपलें फिर फूटने लगती हैं
फिर हरापन बहने लगता है धमनियों में वृक्ष के
मुट्ठी भर छांह माँगती हवायें
फिर आकर मिटाने लगती है अपनी थकान
इसके आगोश में
सब कुछ पहले से भी बेहतर लौटाकर
चला जाता है पतझर
तवारीखों में।

49

क्या हो गया है समुद्र को

इतना तो खारा नहीं था समुद्र
नदियों से मिलने के पहले
क्या फूँक दिया मीठी–मीठी बातों से
उसके कानों में नदियों ने
कि इतना तिक्त हो गया उसका मन
जब देखो दहाड़ें मारता रहता है
हजार बार नहलाया होगा बादलों ने इसे
अपने मीठे जल से
पर समुद्र है कि छोड़ना ही नहीं चाहता
अपना खारापन
बिल्कुल भूल चुका है अपनी पैदायशी मिठास
अपना बड़प्पन, अपनी जातीय दरियादिली
खुदगर्जी का आलम यह कि
चुल्लू भर पानी तक के लिये नहीं जाते अब
प्यासे मुसाफिर इसके पास

इसके मिज़ाज का भी कोई भरोसा नहीं
कभी–कभी इतना गरम हो जाता इसका माथा
और इतना ख़तरनाक रुख अख्तियार कर लेता है यह
कि चढ़ आता है बड़े–बड़े शहरों तक
और तबाह कर देता है आलीशान बस्तियाँ
अपने साथी मछुआरों तक को नहीं बख्शता
क्या हो गया समुद्र को ?
इतना खारापन ठीक नहीं इसके ब्लडप्रेशर के लिये।

50

घास

जब हवा बोल सकती है
पानी बोल सकता है
बिजली बादल सब बोल सकते हैं
तो घास क्यों नहीं बोल सकती ?
उसे बेजुबानों में शामिल करना कितनी बड़ी साजिश है
वह बोलती है जैसे बोलती है खामोशी जैसे बोलते हैं ख्याल
वह बोलती है तब बाँस की रगों में फूल खिलते हैं
वह बोलती है तब पृथ्वी की फटी बिबाइयाँ सिल जाती हैं
वह बोलती है तो जमीन से ही नहीं
किले की बुर्ज तक चढ़ कर बोलती है
घास–मूली समझ कर जो उसका तिरस्कार करते हैं
वे नहीं जानते इसकी आवाज़ में क्रिया भरी है
और क्रिया में इसकी जड़ों की पुश्तैनी ताकत
वह बोलती है तो इतिहास बोलता है
स्वाभिमानी इतनी कि
तलवार की तरह तनी रहती है इसकी गरदन

विनम्र इतनी कि
बकरियों तक का पेट भर देती है
वह तब बोलती है
जब अनाज का दाना चुप हो जाता है
और सब बोलना बन्द कर देते हैं
घास की एक रोटी ने कभी सब से बड़ी सल्तनत की
चूलें हिलाकर रख दिया था
घास बोलती है और खूब बोलती है।

51

मैं नहीं चाहता

मैं नहीं चाहता
पिछली शताब्दी की तरह
इस शताब्दी की भी त्वचा सख्त हो
मैं नहीं चाहता
पिछली शताब्दी की तरह
इस शताब्दी का भी दूषित रक्त हो
झुलस कर आग से
काला हो गया रंग पहाड़ पर वृक्षों का
जहरीले धूएँ की शर्त में बँधी
अंधी घाटियों ने देखना तो बंद कर दिया था बहुत पहले
अब सुनती भी नहीं
हजारों वर्ष लम्बे झरने सी
स्मृतियों की पवित्र घंटियाँ
हर तरफ खोटे सिक्के ढ़ालने का कुटीर उद्योग है
और यह पूर्णतः प्रायोजित है नियोजित है
यह मत समझियेगा यह महज संयोग है।

आदमी के व्यक्तित्व से बढ़कर उसकी प्रतिमायें हैं
कृतित्व से बढ़कर कृतित्व की गाथायें हैं
इन गाथाओं में नायक हैं नायिकायें हैं
उनके भीतर घूमतीं बहुत सी भद्दी बदसूरत
आवार क्षणिकायें हैं
विचित्र बात है
जरा सी लौ दिखाते ही सब की सब पिघलने लगती हैं
अपना झूठा आकार खो कर
मोम का निरर्थक थक्का लगने लगती हैं।
नाज़ी कैम्पों की हजारों लाखों चीखों से
सजाकर पेश किया गया था पिछली शताब्दी को
इस शताब्दी को भी नरमुंडों की माला पहनाया जा रहा
हर किसी को पिलाया जा रहा वादों विवादों का नशीला घोल
ताकि वे न देख पायें
कि इन्द्रधनुष सरकस के मसखरे की तरह रंगीला है
पत्तियों का रंग हारा थका
और सूरजमुखी का फूल पीला है
मैं नहीं चाहता
पहले की तरह इस शताब्दी में भी
घोंट दिया जाये गला जिन्दगी जीने की उमंग लिये हुये
पग ध्वनियों का
लहू में बिजली की तरह दौड़ती सनसनाहटों का
सोचता हूँ
बादलों की जटाओं से तोड़ कर
दे दूँ कुछ शब्द –
ध्वंस कर दे जो इस भ्रष्ट मंडप को
ताकि सृजन का नया तांडव हो सके
और नये–नये तीर्थ स्थल बन सकें।

52

परिन्दों मत बैठना

परिन्दों मत बैठना
किसी मन्दिर किसी मस्जिद के कंगूरे पर
वहाँ पर प्रार्थनायें होतीं नहीं अब
मुहब्बत के हजारों बीज बोती नहीं अब
वहाँ पर आग जलती है फिरका परस्ती की
दर्ज़ की जाती हैं वहाँ पर सिसकियाँ
जली अधजली बस्ती की
तोड़ने आते हैं वहाँ रक्खे आईनों को लोग
धन्धा करोड़ों का करोड़ों का वहाँ पर
हो रहा विनियोग
अजानें खूब होती हैं, घड़ी घंटाल भी बजते
बड़े महंगे लिबासों में
वहाँ अब देवता सजते
मौत के गुप्तचर बैठे निडर कुंडली मारे
वन्दना के गीत आखिर
कोई गाये तो गाये कैसे ?

53

खुशबू

एक निश्चित तापमान पर
उबल जाता है पानी
पिघल जाती हैं धातुयें
पर खुशबू न उबलती है न पिघलती है
सिर्फ उड़ती रहती है तितलियों की तरह
इस डाल से उस डाल तक
पृथ्वी से आकाश तक
और नम कर देती हैं
मिट्टी को, हवा को, मौसम को
छिड़क कर बूँदें
अपनी नरम–नरम हँसी की।

54

वस्तुयें

वस्तुयें होती हैं जितनी ठोस
उतनी तेजी से गिरती हैं नीचे
हर बार उछालने पर
वे गिर जाती हैं पृथ्वी पर
लगातार खिंचती रहती हैं
उसकी गिरफ्त में
ऊपर तो उठती है
हवा, रोशनी, भाप, खुशबू और दीये की लौ
कोई भी ताकत उन्हें सम्मोहित नहीं कर पाती
वे मुक्त रहती हैं हर गिरफ्त से

55

आँसू

आँसुओं की कोई जाति नहीं होती
उन्हें धर्म जाति वर्ण में बाँटा ही नहीं जा सकता
एक ही तरह की आँच, एक ही तरह की तिलमिलाहट,
विवशता
होती है उनमें
दुनिया के हर देश में एक ही तरह का नमक
आँचल में, रुमाल पर या दोस्तों के कंधों पर
छोड़ जाती हैं वे
कश्मीर की घाटियों में जो निशान आँसुओं के मिलते हैं
वही गुजरात की जली हुई बस्तियों में भी देखे गये
सरहद के इस पार और सरहद के उस पार के
आँसुओं में है कोई अनुवंशिक फर्क ?
मैं घड़ियाली आँसुओं की बात नहीं करता
वे आँसू होते ही नहीं।

56

तनाव

कितना खूबसूरत लगता है तनाव
जब समेट कर अपनी समग्रता
समुन्दर तक लाँघ जाता है
और दंडित करता है उसे उदंडता के लिये
संभावनाओं को मुट्ठियों में निचोड़ता हुआ
कदम—दर—कदम नापता रहता है
निस्सीमता की सीमायें
देखने लायक होती है
तनी हुई रस्सी तना हुआ पुल
पुल से गुजरती तनी हुई मुट्ठियाँ
फतह कर डाले हैं इसने पता नहीं कितने
वाटर लू, पानीपत और कुरुक्षेत्र
हारने पर भी झरता रहता है
इसकी देह से इसका स्वाभिमान, इसकी गरिमा
बड़े—बड़े सिकन्दर नतमस्तक हो जाते हैं
देख कर झनझनाती बेड़ियों में जकड़ा इसका गौरव

पहलू बदल–बदल कर मोड़ी हैं इसने
विडम्बनाओं की धार
जूझा है जी जान से मानसून के मनमानेपन से
देखा नहीं है इसे बादलों की धोखाधड़ी के बावजूद
छींटते हुये खेतों में बीज
या छांटते हुये पौधों की खीझ
देखो! कितना सुन्दर लगता है तनाव
मंगल ग्रह पर सूँघता हुआ पानी
कितनी भव्य हो जाती है इसकी काया
देख–देख कर शनि के टूटते वलय
भूख से लड़ते हुये तनाव का पौरुष देखना है
तो देखो तेंदुये की आँखों में
चील, बाज, गौरैये की पांखों में
कितनी राग रागिनियाँ पैदा कर देता है
पंडित रविशंकर के सितार के तारों में
कितनी तरह से तनता रहता है
उस्ताद बिस्मिल्लाह खां की पुरबिया तानों में
तनाव तो गांधी ने भी पाले थे
बुद्ध और जीसस् ने भी
वे जानते थे तनाव को पाल कर रखने की कला
तनाव बीमार नहीं जुझारू बना देता है।

57

मेरा नाम

मेरा नाम मेरे नेम प्लेट के नाप से बड़ा है
हर अक्षर महसूस करता है घुटन
जब उसे घुटने मोड़ कर
बैठने के लिये कहा जाता है
खड़ा तो हो ही नहीं पाता
खड़े होने पर
कभी उसका सिर, कभी पैर
कट कर बाहर आ जाता है
मेरा कटा हुआ नाम
घूँट–घूँट अपने भीतर की फालतू स्याही पीता रहता है
बूचड़खाने में छटपटाते अंगों की तरह
शून्य में हाथ पाँव मारता रहता है
मेरा नाम मेरे नेम प्लेट के नाप से बड़ा है

58

मजबूरी

जा सकती है चिड़िया
अपनी डाल को छोड़कर
दूसरी डालियों पर
जा सकती है मछली
सूखती धाराओं को छोड़कर
अधिक सम्पन्न गहराइयों में
मूस कर खेत को जा सकते हैं चूहे
दूसरे खेतों में
पर जा नहीं सकता
पीपल, महुआ, बरगद का पेड़
अपनी जड़ों को छोड़कर
वह तो सिर्फ गिर सकता है
अररा कर उसी मिट्टी में
जिसने उसे पाल–पोस कर बड़ा किया
और महकना सिखाया।

59

कुछ लोग

कुछ लोग बनाने में लगे थे
दीवाली के दीये
घुप्प अंधेरी रात में भी
गाने के लिये रोशनी का मंगल गीत
कुछ लोग लगे थे बनाने में
तरह तरह के नकाबपोश बम
आकाश की छाती चीर दे ऐसे राकेट और मिसाइलें
बम और राकेट के धमाके देखते–देखते
राख में तब्दील हो गये
दीवाली का दीया रात भर तिल–तिल जल कर भी
बिखेरता रहा नन्हें–नन्हें हाथों से
जिन्दगी का अहसास
बुझने के बाद भी दे गया उपहार में एक टटकी भोर
एक सुनहरा सूरज और असीम सम्भावनाओं से भरा आकाश

60

डर

जब सब सो जाते हैं
डर जागता रहता है
गझिन अंधेरी रातों में बनाता रहता है
धूँये के छल्ले
पड़ोस में पत्ते टूटते रहते हैं
और बिना जल की नदी का
बहना, हरहराना सुनाई देता रहता है
डर जागता रहता है
और आँखों में टूटती रहती हैं
प्रतिमाओं की प्रतिमायें
काल के शिला खंडों की तरह
डर जागता रहता है
और देखता रहता है रेत में गिर कर सूखती हुई
करुणा की बूँदें, पराजित प्रार्थनायें
डर जागता रहता है
और देखता रहता है तिलचट्टों की तरह

निकली हुई नागफनी की बर्बर नस्लें
जो कभी मरती ही नहीं
लगता है जब तक पृथ्वी रहेगी
डर जागता रहेगा
धुएँ के छल्ले बनाता रहेगा
और पड़ोस में पत्ते टूटते रहेंगे।

61

कुछ भी नहीं कर सकते

कुछ भी नहीं कर सकते
कसी बँधी मुट्ठियों से
रोटियाँ तक तो खा नहीं सकते
गुत्थियाँ क्या सुलझाओगे
जिन्दगी के फलक पर चित्र बनाना है
चित्रों में खुशनुमा रंग भरना है
तो मुट्ठियों को ढीला रखना सीखो
हथेली को हथेलियों से मिलाते रहना सीखो
उँगलियों को सीधी सरल मुलायम रखना सीखो
बँधी कसी मुट्ठियों में कसमसाकर कर रह जाते हैं
पिघल कर बहने के लिये वीणा पर
असंख्य सम्भावित स्वर
हंसों की तरह उड़ते व्यंजना के पर
बँधी मुट्ठी ने
न कभी किसी की पीठ थपथपाई
न सूने भाल पर रोली लगाई

न किसी के आँसुओं को गूंथ कर माला बनाई
मुट्ठियाँ जब–जब बँधी हैं
शिरायें मस्तिष्क की पहले तनी हैं
दौड़ने लगती हैं नसों में आंधियाँ
बेचैन चक्कर काटता पागल लहू
सोचता उदास खड़ा मन
आखिर बहूं तो कैसे बहूं ?

62

कूड़ा

कूड़े को महज कूड़ा नहीं समझना चाहिए
बड़ी ऊर्जा होती है उसमें
वह तय करता है
बस्ती के घरों की हैसियत
उन घरों में रहने वालों की औकात
वह तौल कर रख देता है
सबके खानदान की कैफ़ियत
सलीके से घरों के बाहर रख दिया गया हो
या घूरे पर फेंक दिया गया हो
कूड़े से रिसता रहता है उसका पूर्व आभिजात्य
जब वह एक वस्तु था
या कोई कलाकृति था
देवालय में घंटे की तरह गूँजता रहता था
लोग माथे पर चढ़ाते थे उसे
और साष्टांग दंडवत करते थे
क्या रूप था, क्या यौवन था इसका

जब उसे सजाया गया था
कभी शयनकक्ष में कभी ड्राइंग रूम में
पूरे घर की शान था यह
घर का हुक्का, रसोई की गमक
मुँह से लार टपकने लगे
ऐसा नौरतन अचारों से भरा मर्तबान था यह
पूरे घर की शान था यह
दीप्त कर दिया था कभी पूरी इमारत को
अपने काँच के शरीर से
रोशनी की बूँदें टपकाती हुई
बिजली की झालरों की तरह
नीचे से ऊपर तक नहला दिया था इसने
पूरी इमारत को अपनी जवानी में
कूड़ा स्मृतियों का गड्ड–मड्ड ढ़ेर होता है
उसको छूने से हाथ गन्दे नहीं होते
अतीत के वैभव से महकने लगते हैं
घर के बाहर कर दिये जाने पर भी
कूड़ा घर की संस्कृति, घर का इतिहास
घर की बुलन्दी ही बखानता रहता है
वह कभी मृत नहीं होता
बड़ी ऊर्जा होती है कूड़े में।

63

मकान बनाम घर

मेरे मकान में
मेरा घर रहता है
मेरे घर में खिड़की दरवाजे
टकटकी बाँधकर इंतजार करते रहते हैं
गाँव गिरांव, टोले मुहल्ले से छन कर
आती हुई खबरों का
हवायें तरह–तरह की खुशबू लेकर
जब मेरे घर आती हैं
मेरा घर बाग़–बाग़ हो जाता है
मेहमानों की तरह तीज त्योहार भी आते जाते रहते हैं
और मेरा घर नहा उठता है
कभी होली के रंगों से
कभी दमकने लगता है दीवाली की दीप्ती से
मेरे मकान को यह सब अच्छा नहीं लगता
वह भुनभुनाता रहता है
मेहमानों की आमद से

वह कुढ़ता रहता है उनके बेफिक्र घरेलू गुलगपाड़ो से
वह इनको व्यर्थ का शोरगुल कहता है
और कुतुबमीनार की तरह तना रहता है
गुम्बदों की तरह मुँह फुलाये बैठा रहता है
मेरा मकान मेरे घर को
असभ्य, गंवार कहकर
खारिज कर देता है
जोर–जोर से खिलखिलाती कोठरियों को
बेहया और बेशरम करार देता है
मेरा मकान कभी खुश नहीं रहता
दूसरे मकानों के साथ रहने पर
वह अकेला रहना चाहता है बस्ती से दूर
जहाँ सिर्फ वह और वह ही दिखाई पड़े
अपनी वीरान बुलन्दी के साथ
वह नहीं चाहता
उसमें कोई घर रहे
उसे डर है घर के साथ कहीं वह भी
ढोलक, मजीरे की तरह उजड्ड न हो जाये
वह तो डिस्को और जाज़ की बेचैनी
जीना चाहता है
आम के पने और लस्सी की जगह
ह्विस्की और रम पीना चाहता है
मेरे मकान और मेरे घर में
तनातनी है
मकान घर को धर दबोचना चाहता है
घर मकान को घर बनाने
पर तुला है।

64

अगर

पूरी सम्भावना के साथ
पैदा हुआ था वह
पहाड़ों की ओट में नन्हें से सूर्य की तरह
सात घोड़ों के रथ पर बैठ कर
नाप सकता था दिग दिगन्त
अगर उसके घोड़े न छीन लिये गये होते
एक दाना चावल बन सकता था
द्रौपदी की रसोई का
और तृप्त कर सकता था
हजार दम्भी ऋषियों की मिथ्या भूख
अगर उसके भ्रूणों को ही न समाप्त कर दिया गया होता
बन सकता था सारनाथ, सांची, श्रावस्ती में
धम्मपद की लयात्मक गूँज
अगर उसे पत्थरों की तरह
न चलाया गया होता
शहंशाहों के दरबार में

मालकोस, मेघमल्हार, मियां की तोड़ी बनकर
निरंकुश सत्ता को इन्सान बना सकता था
अगर उसके साजिन्दों ने ही
उसे बेसुरा न कर दिया होता।

65

संभावना वहाँ नहीं है

संभावना वहाँ नहीं है
जो शिखर हैं
शिखर की तरह स्थिर हैं, स्थापित हैं
संभावना वहाँ है
जो शिखर बनने में
ज़र्रा–ज़र्रा टूट रहे हैं
टूट–टूट कर बन रहे हैं
संभावना वहाँ नहीं है
जो सागर सा सम्पूर्ण
नक्षत्रों सा परिष्कृत और व्यवस्थित हैं
संभावना वहाँ है
जो अनिर्मित, अचिन्हित, अस्थिर हैं
ऊबड़–खाबड़ बिखरे–बिखरे
तूफानों से दो–दो हाथ लड़े हैं
संभावना वहाँ नहीं है
जो दरबारों में

शिष्ट नौरत्नों सा राजमुकुट में जड़े हैं
या ताम् पत्रों में मढ़े हैं
संभावना वहाँ है
जो पगडंडी सा सरल
खुरपी, कुदाल, हंसिया सा अति साधारण
खेतों में सीना ताने खड़े हैं
संख्याओं के बीच शून्य सा अड़े हैं।

66

चौराहे पर तानाशाह की प्रतिमा देखकर

बड़े शौक से बनाया था उसने
एक शानदार नगर
नगर के शानदार परकोटे
लोहे की तरह मजबूत एक किला
जिसके बुर्ज पर टांग दिया था
बेगुनाह इन्सानों के कटे हुये सिर
बड़े शौक से पहना था
यह भारी भरकम जिरह बख्तर
और हाथ में लेकर यही लम्बी तलवार
निकल पड़ा था पृथ्वी को रौंदने के लिये
पृथ्वी आज भी जीवित है
अपनी पूरी भव्यता के साथ
अगर कहीं कोई रौंदा गया तो वह है
उसी का खूँखार चेहरा

उसी की स्मृतियों को है लगा घाव गहरा
अगर कहीं कोई वस्तु टूटी है
तो वह है उसी की कातिल तलवार
कितना अचूक होता है समय का वार!
चौराहे पर खड़ी पत्थर की यह प्रतिमा
कितनी बेजान, कितनी विवश, कितनी निरीह
लगती हैं आज –
उजाड़ खंडहर की तरह खाली–खाली आँखें
टूटा हुआ राजमुकुट, राजमुकुट की विकलांग चकाचौंध
अपने कद से भी ऊँचा कद पाने की तृभणा
इस महाकाश में कितनी छोटी,
कितनी बौनी लगती है!
बच्चे तक नहीं डरते इसकी काया से
लोग बग़ल से गुज़र जाते हैं और पहचानते तक नहीं
इस अर्थहीन शिलाखंड को
इतिहास के गन्दे कीचड़ की तरह इसकी स्मृतियाँ
फैलाती रहती हैं दुर्गन्ध
अपनी पहचान तक के लिये तरसती इस पत्थर की
लावारिस लाश को समय ने अपने मुर्दाघर में ठिकाने लगा दिया।

67

लोकतंत्र में तीन चित्र

खदेरूआ चमार जीवन भर
घर नहीं बनवा पाया
मास्टर रामलाल का घर तो बना
पर दीवारों पर प्लास्टर
वे आज तक नहीं करवा पाये।
लक्ष्मीचन्द ने फर्श ही नहीं
दीवार तक पर लगे संगमरमर को
खूब रगड़वाया
आइने की तरह पत्थरों को चमकवाया
गृह प्रवेश के अवसर पर
कुत्ते और बिल्ली तक को
विलायती शराब पिलवाया
पूरी की पूरी सदी अपने नाम लिखवाया
खदेरूआ स्क्रैप के भाव बिक गया
रामलाल बिकते बिकते बच तो गये
पर सूदखोरों के चंगुल में फंस गये

लक्ष्मीचन्द सारे के सारे निर्माण के नक्शों को
अपनी तिजोरी में बन्द कर
मजे से सो गये।

68

गन्ध

गन्ध की भी देह होती है
न होती तो कैसे
मेरी हथेलियाँ अब तक
महकती रहतीं उसके स्पर्श से
गन्ध का भी रूप होता है
न होता तो कैसे
दहशत में धँस कर भी
उसकी स्मृतियाँ
इतनी ठोस दिखतीं
गन्ध का भी रंग होता है
न होता तो कैसे
मेरे चित्र
चित्र की आड़ी तिरछी रेखायें
आज तक धुली धुली लगतीं
अजन्ता और इलौरा की तरह महकतीं
रस के छंदों से होती हैं तरबतर

बूँदें गन्ध की
न होतीं तो क्यों आचमन करता रहता क्षितिज
झुक कर गन्ध की बहती नदी का
गन्ध मौन शब्दों की तरह
कभी मौन नहीं रहती
बरसात की तरह
बसन्त की तरह बोलती रहती है
चुपके–चुपके धरती में दबे बीजों के अस्तित्व का राज़ खोलती रहती है।

69

मुझको मालूम है

मुझको मालूम है
वृक्ष पर बतियाते–बतियाते
रंग क्यों चुप हो गये
हवायें तनी हुई रस्सी पर
संतुलन बनाये रखने की कोशिश में
क्यों गिर पड़ी
सूरज के सातों घोड़े
वल्गायें तोड़कर रथ से बाहर क्यों हो गये ?
और रथ के पहिये कैसे
संदर्भहीन हो गये
नदियाँ चलते–चलते दो फांक हो गई
और लहरें डरने लगी हैं
दूसरी लहरों से बात करने में
मैं शब्दों को कंकड़ों की तरह फेंक तो सकता हूँ
पर पूरा तालाब मुँह फुलाकर बैठा है
कहीं कोई प्रतिक्रिया नहीं

पहाड़ नाराज़–नाराज़ से लगते हैं
सिर्फ एक चोटहिल धुन घाटियों से
धूएँ की लकीर की तरह उठती दिखाई पड़ती है
जब से आँधियों ने डेरा डाल दिया है
अमराई ने रस पकाना बन्द कर दिया
इस तरह डालियों से लोच गायब हो गईं
कि जरा सा छूने पर टहनियाँ
पट्ट से टूट जाती हैं
और पुश्तों से झूलती गन्ध
मिट्टी में गिर कर मटमैली हो जाती हैं
पुराने बन्दरों की तरह
नये बन्दरों ने भी बड़ी चालाकी से
बन्दरबाँट की परम्परा अपना ली है
चुनांचे आजकल चिड़िया, ख़रगोश, चूहे व चिटिंयों से लेकर
कुत्ता, बिल्ली, गाय, बछड़े तक
खाली पेट सो जाते हैं
बेचैन बेरोज़गार चूहों की बढ़ती फौज़ को
न मंदिर के घंटे, न मस्जिद के अज़ान
अच्छे लगते हैं
गुरुकुलों में अर्जुन को वृक्ष पर
चिड़िया की आँख नहीं
अपना डूबता भविष्य दिखाई पड़ता है।

70

मेरे पथ भ्रष्ट शब्द

मुझे मालूम नहीं था कि
मेरे शब्द जो ब्रह्म की तरह पूजे जाते थे
इतने तंगदिल हो जायेंगे
कि चीखों, चित्कारों के बगल से
कन्नी काटकर
सन्न से निकल जायेंगे
और संसद के फर्श पर
कालीन की तरह बिछ जायेंगे
क्या हो गया मेरे शब्दों को
वे तो दीपक की तरह रात रात भर जागते रहते थे
अंधेरी गलियों में, टूटी झोपड़ियों में
फरेबों के तिलस्म तोड़ने के लिये
सोचा था –
सुलगते शब्दों से लिखूँगा कभी
नंगी शाखों का दर्द
सांय–सांय करती हवाओं में झड़ते पत्तों का

सिमटता इतिहास
पर धीरे–धीरे मेरे शब्द
होते गये बेडौल
उनका ताप संताप एयरकंडीशन्ड कमरों में
हो गया ठंडा
उन्होंने सीख लिया है
अब नया नया हथकंडा
मसान तक साथ–साथ
चलने की कसम खाने वाले शब्द
कहाँ खो गये ?
मेरे पथ भ्रष्ट शब्दों से अब
पग–पग पर हैं खतरे
कहीं छुपकर कहीं खुलकर
कहीं रो कर कहीं हँस कर
वे करते हैं वार
तनी हुई रस्सी पर साधते रहते हैं
देह संतुलन–कभी दाँयें कभी बाँयें
होशियार! मेरे पथभ्रष्ट शब्दों से
अब पग–पग पर हैं खतरे।

71

अपराध

अब धीरे–धीरे अच्छी लगने लगी हैं
अपराधियों की जमात
उनकी कही बातें विश्वसनीय लगती हैं
उनके फैसले अदालत के फैसलों से
ज्यादा मजबूत
कम होती है समय की बर्बादी
रहा धन वह तो दोनों जगह लगता ही है
उठती रही होगी कभी
अदालतों के फैसलों की लौ आसमान तक
रही होगी कभी उनकी रोशनी में आग
अब तो चुटकियाँ बजाते
जीत जाते हैं चुनाव अपराधी
और पहुँच जाते हैं पलक झपकते
देश की संसद में, प्रदेश की विधान सभाओं में
आखिर उनकी जरूरत तो पड़ती है सभी को
सभी की मदद करते हैं अपराधी

बड़े उदार होते हैं
समझ में नहीं आता कि
अपराध करते हैं पवित्र राजनीति की कोख
या राजनीति करती हैं अपराधियों की

72

हर रोज़

हर रोज़ काटकर फेंक दिया जाता है
हुनरमंदों का अंगूठा
हर रोज़ हड़प लिया जाता है ऐन मौके पर
राजतिलक का हक़
हर रोज चिरागों पर कर लिया जाता है
कब्जा और लूट ली जाती है रोशनी
हर रोज बच्चे गायब हो जाते हैं
घर के दरवाजों से
हर रोज जाँघें नंगी की जाती हैं
कहीं कोई जुम्बिश तक नहीं होती
पितामह तक चुप्पी साध लेते हैं
दुनिया बहुत समझदार हो गई।

73

सृजन

कभी तितली बन कर उड़ता है वह
कभी भंवरा
रंग बाँटना होता है तो तितली बनकर
बाँटता रहता है रंग इस डाल से उस डाल तक
खुद को मिठास से भरने की जब होती है दरकार
तब पराग समेटता हुआ
उड़ता रहता है भंवरों की तरह फूलों पर
फूल उसे गन्ध देते हैं
और वह गन्धों को पिरो कर
गीतों में तब्दील कर देता है
ताकि दुनिया भी उसके साथ
पल दो पल ही सही गुनगुना तो सके
भूल कर सारी दुनियादारी।

74

दशहतगर्दों

चाहे जितनी बार काट लो
हमारे अंगूठे
हमारा निशाना हर बार होगा अचूक
चाहे जितनी बार लूट लो
हमारी कला दीर्घा लाइब्रेरियों के जलते चिराग
और आकाश दीप
इतिहास इन्हें ही करेगा याद तुम्हें नहीं
चाहे जितनी बार तुम कर लो हत्या इन्सानियत की
इन्सान मर नहीं सकता
बर्बरों ने कभी किसी सभ्यता का
निर्माण किया है क्या ?
कभी कहीं एक भी फूल उगाया है क्या ?
कहीं भी प्यासे खेतों की प्यास बुझाई है क्या ?
उपलब्धियों के नाम पर हासिल किया है उन्होंने
सिर्फ उजाड़ बस्तियाँ, अनाथ बना दिये गये
बच्चों की सिसकियाँ

आइने खौफ खा–खा कर टूट जाते हैं देखकर उनके अक्स
नफरत की इस कदर उगाई है उन्होनें बेहिसाब फसलें
कि ढ़ोना पड़ेगा उनकी पीढ़ियों को
बहुत भारी बोझ सदियों तक।

– 02.03.2008

75

पराक्रमी सपने

पराक्रमी सपने
हमें सोने नहीं देते, गफलत की नींद में खोने नहीं देते
ऐसे ही सपनों में
तानसेन को रात–रात भर जगाया था
बैजू को बैजूबावरा बनाया था
किसी महाकवि से मानस लिखवा डाला
तो किसी से महाभारत
पता नहीं कितने शहीदों को
सूली पर चढ़ जाने को उकसाया
नया भूगोल नया इतिहास बनवाया
बड़े पराक्रमी होते हैं ऐसे सपने
नक्षत्रों तक की परिक्रमा करवा डालते हैं
इन्हीं सपनों की नींव पर
सभ्यतायें और संस्कृतियाँ खड़ी रहती हैं
बड़े पराक्रमी होते हैं ऐसे सपने

76

खंडहर

खंडहर सिर्फ खंडहर नहीं होते
बेशकीमती खजाना छुपाये रहते हैं
अपने दिलों में
चुप रहते हैं तो सदियों तक चुप रहते हैं
पर जब चुप्पी टूटती है
तो कई नालन्दा, कई तक्षशिला
जीवित हो उठते हैं
कभी पानीपत के नगाड़ों की मारू आवाजें
हल्दीघाटी की शंख ध्वनियों के संकल्प
तो कभी बुद्ध, महावीर के संदेशों के स्वर फूट पड़ते हैं
हम पुनर्निर्मित हो जाते हैं
हमारी औकात का वजन बढ़ जाता है
खंडहर तवारीख की ऊँगली पकड़ कर चलने का
बार–बार मौका देते हैं हमें
वे सिर्फ खंडहर नहीं होते।

77

पुल – 1

वैसे तो बड़े निरपेक्ष होते हैं पुल
सबका स्वागत करते हैं
सबको पहुँचा देते हैं पार
पर हिल जाता है उनका कलेजा
जब पार होती हैं उनकी छाती से
धड़धड़ाती रेलगाड़ियाँ
लाद कर अहंकार और द्वेष का मलबा
या फिर मुट्ठियाँ ताने बेरोज़गार नौजवानों की फौज
या फिर लाशें ढोतीं
दस–दस चक्कों वाली ट्रकें और लारियाँ
कुछ कह नहीं पाते पुल
सिर्फ काँप कर रह जाते हैं
अपनी बद्‌किस्मती पर।

78

पुल – 2

जरूरी होती हैं पुल पार करने के लिये नदी
जरूरी होता है उनका रख–रखाव, उनकी माकूल चौकीदारी
मुश्किल तब होती है
जब पुलों पर लोग बना लेते हैं घर
और रहना चाहते हैं वहाँ मकान मालिकों के मानिन्द
वे भूल जाते हैं कि
पुल पार करने के लिये होते हैं
रुकने और ठहरने के लिये नहीं
पुल–पुल होते हैं घर नहीं।

79

पुल – 3

सदियाँ बीत गई थीं
इन्सान को दो पैरों पर खड़े होने की ताकत
हासिल करने में
सदियाँ बीत गई थीं उसे
घर बस्ती सड़क बनाने की कला सीखने में,
कितनी मेहतन की थी उसने
तब सीखा था बनाना पुल
बस्ती से बस्ती को जोड़ने वाला पुल
संस्कृतियों को संस्कृतियों से जोड़ने वाला पुल
दिलों को दिलों से जोड़ने वाला पुल
यही वजह है कि
बर्बर उड़ा देते हैं बमों से सबसे पहले पुल
तब रेल की पटरियाँ, छावनियाँ और छतरियाँ
बर्बर नहीं पसंद करते संस्कृतियाँ
संस्कृतियों को संस्कृतियों से जोड़ने वाले पुल
बेइंतहा खिलाफ हैं ऐसी तमाम हरकतों के

जो इन्सान को बर्बर से अलग करती हैं,
बर्बर खानपान, रहन–सहन, बोली भाषा और पहनावा को
मानते हैं मज़हब,
मज़हब इन्सान का ईजाद किया
सबसे अहम पुल है
यह इन्सान को इन्सान बनाने वाले से जोड़ता है
रचना को रचनाकार तक पहुँचा देता है।

80

हैंडपम्प

चुप रहता है
मेरे घर के पास वाला हैंडपम्प
जब लोकतंत्र और सेक्यूलरिज्म की डींगे उसके सामने
हाँकते–हाँकते सिर फुटव्वल कर लेते हैं
हंडा, बाल्टी, लोटा, परात
हालाँकि वह खूब जानता है सबकी हकीकत, सबकी औकात
पर चुप रहता है
सिर्फ देखता रहता है
कितना गुमान है, हंडे को हिन्दू होने का
लोटे को मुसलमान,
उसे यह बखूबी पता है
कि हिन्दू हंडे को दूसरे हिन्दू हंडे से कितनी नफरत है
छू जाय तो देखिये फिर
किसी शेख पठान की बाल्टी किसी दूसरे
मुसलमान भाई की बाल्टी के आस–पास भर आ जाय
तो हंगामा खड़ा हो जाता है

हैंडपम्प चुप रहता है
एक सच्चे सेक्युलर की तरह
हंडा हो या बाल्टी, लोटा हो या परात
सबकी प्यास बुझाता रहता है
सबको भरता रहता है
उसका धर्म है सिर्फ प्यास बुझाना
खुद को लुटाते रहना।

81

कुछ लोग परेशान हैं

कुछ लोग परेशान हैं
कि बाकी लोग जिन्दा हैं
रोज़ रोज़ उनके इतने खून खराबे के बावजूद
जिन्दा हैं
कुछ लोग परेशान हैं
कि पेड़ों में फूल खिल रहे, फल लग रहे
और लहरें कूद–कूद कर नहा रहीं,
वे परेशान हैं
कि बाकी दुनियाँ में क्यों रोशनी फैल रही
बर्फ के पहाड़ों को ही नहीं
घास के मैदानों को भी
सोने से मढ़ रही,
उनको परेशानी है
कि बाकी लोग बर्बर क्यों नहीं हो रहे
मुहब्बत और मिल्लत की बातें क्यों कर रहे
साहित्य, संगीत और नृत्य की महफिलें क्यों सज रहीं

तानसेन, बैजूबावरा की नस्लें मरती क्यों नहीं
उनकी ख्वाहिश है
कि गीता, कुरान, बाइबिल की आयतें वहीं बोले
जो उन्हें पसन्द है
नदियाँ उल्टी बहें
नुकसान को नफा, जहन्नुम को जन्नत कहें
और दुनिया रोशनी से नहीं धुंएँ से भर जाय
वे गुस्से में हैं
कि 'आमीन' कहने वालों की तादाद कम क्यों है ?
दुनियाँ के तमाम लोगों की बातों में दम क्यों है ?

82

यह सच है

यह सच है कि
जब–जब हम सत्य पर रहते हैं अड़े
हमारे पुरखों का रक्त हमारे चेहरे पर
दमकने लगता है
यह सच है कि
जब–जब हमने सत्य के लिये कुरबानियाँ दीं
पूरे शरीर में वह उछाल मारने लगता है
हमारे शब्द अंधेरों में भी
अंगारों की तरह जलते रहते हैं
एक अजीब रोशनी का पिंड बन जाता है
हमारा शरीर
जब–जब हमने सत्य की हत्या की
हमारा चेहरा, राख होता रहा
हमारे आँसुओं ने तासीर खो दी
धड़कनों ने साफ–साफ बता दिया
कि पुरखे शर्मसार हैं

सत्य के लिये कुदरती चाहत तो होती है लोगों में
पर उसकी आवाज को कफन ओढ़ा देते हैं लोग
दफन कर देते हैं उसे
मजबूरियों का लिबास पहना कर
असत्य की खिलाफत हर बार साबित करती रहती है
कि पुरखे हमारे साथ हैं
हमारी अंतरात्मा बन कर
हमारी हिम्मत बन कर।

83

कुछ चीजें

कुछ चीजें थोड़ी सी होती हैं
पर थोड़ी होती नहीं
जैसे दाल में नमक
जैसे अन्धेरी रात में नन्हें से दीये की चमक
कुछ चीजें थोड़ी सी होती हैं
पर थोड़ी होती नहीं
जैसे बच्चे के माथे का दिढौना
जैसे बेटे को रास्ते के लिये दिया हुआ
गुड़ चना चबैना
कुछ चीजें थोड़ी सी होती हैं
पर थोड़ी होतीं नहीं
जैसे रेगिस्तान में नखलिस्तान की हँसी
जैसे नाउम्मीदियों के बाद कोई उम्मीद रह जाय बची।
कुछ चीजें थोड़ी सी होती हैं
पर थोड़ी होती नहीं

जैसे बाप से बात करने के लिये
कांछ कर निकाली गई फुर्सत
जैसे बीमार की तीमारदारी के लिये
उठाई गई जहमत
थोड़ी सी ही चाहे हो
थोड़ी होती नहीं।

84

राहें

सड़कें सड़कें होती हैं
राहें नहीं
सड़कें तो सरकारें और नगर पंचायतें भी बना लेती हैं
चुनांचे टूट भी जाती हैं या गायब भी हो सकती हैं
पर राहें नहीं टूटती
उन्हें बनाने वाला हमारे मन मस्तिष्क में
बनाता है उन्हें
और पूरी तरह दुरुस्त रखता है
वह उन्हें सिर्फ हमारे लिये बनाता है
हाँ, उन्हें पाने के लिये इन्तजार तो करना ही पड़ता है
जहाँ सड़कें नहीं होतीं
वहाँ भी राहें निकल आती हैं
सड़कें भरमा सकती हैं, भटका सकती हैं
अपने मकड़जाल में उलझा सकती हैं
पर राहें राहों को ढूढ़ कर लाती हैं हमारे पास
और धीरे–धीरे मंजिल तक पहुँचा देती हैं
उन्हें हमारी मंजिल का पूरा पता होता है।

85

फूल और काँटे

फूल तो फूल हैं
काँटों की भी हैसियत कम नहीं होती
गालियाँ सह कर भी
पूरी वफादारी से करते हैं हिफाजत फूल की
उन्हें निन्दा या प्रशंसा से कोई सरोकार नहीं
वे जानते हैं देवता को फूल ही चढ़ेंगे
वे जानते हैं सुगन्ध की कथा वे ही कहेंगे
उनको तो मिलेगी सिर्फ उपेक्षा
दामन बचा कर लोग निकल जायेंगे बगल से
पर उन्हें इसकी फिक्र नहीं, निर्लिप्त होते हैं वे
फर्ज़ सिर्फ फर्ज़ जानते हैं
वे यह जानते हैं
कि फूल से उनका रक्त का सम्बन्ध है
एक ही रस बहता है दोनों में
दोनों समान रूप से वृक्ष के उपहार हैं
पर दोनों के दो कार्य निर्धारित कर दिये वृक्ष ने

बिना भेद–भाव के वृक्ष करता है दोनों का पालन–पोषण
फूल भी अर्चना हैं वृक्ष की काँटे भी
दोनों में कोई फर्क नहीं।

86

कजरी

मेरे आँगन की कजरी
बरसती थी जैसे रिमझिम बदरी
माँ तक रही रस से भरी
बहना के हाथों में टूटी–फूटी ही सही
पर रही
पास मेरे आई तो ह्विस्की की
बूँद बन झरी
बच्चों की जुबान पर चढ़ी
तो शोर बन उतरी
मेरे आँगन की कजरी।

87

जंगलों के हत्यारे

जंगल जंगली नहीं होते
जंगली होते हैं उन्हें काटने वाले लोग
कुदरत का खजाना खुले आम लूटने वाले लोग
तिलचट्टों की पीठ पर बैठ कर
हर जगह गगनचुम्बी इमारतें बनाने का
ख्वाब देखते लोग
जंगल जंगली नहीं होते,
चीखने लगती हैं हवायें
जब कहीं कटते हैं जंगल
चीखने लगते हैं बादल
डर जाता है इन्द्रधनुष
काँप उठती है पृथ्वी
छुपा लेती है दिल की गहराइयों में
अपना अमृत कलश,
नदियों का जब सूखने लगता है गला

वे रास्ता बदल कर चल देती हैं कहीं और
कभी छुप जाती हैं धरती मइया की गोद में
सुना है बलात्कारियों को कमसिन नदियाँ ही
अधिक भाती हैं
बेबस मौसम पोछता हुआ अपनी डबडबाई आँखें
खड़ा रहता है कटे हुये वृक्ष के थम्ब की तरह
हँसता तो सिर्फ रेगिस्तान है
जश्न मनाता है किसी जंगल के कटने पर।

88

सियासी दल

बड़ा मुश्किल हो गया है आज
इनके या उनके साथ खड़े होना
दोनों तरफ खतरे हैं
खतरें हैं सिर कलम हो जाने का,
दोनों बर्बर हैं
और बर्बरों को सिर से
सख्त नफरत होती है
वे जानते हैं कि सिर खतरनाक अंग है शरीर का
उसमें एक ताकत रहती है
सोचने की समझने की
चीज़ों को पछोर–पछोर कर
कूड़ा करकट अलग कर देने की
बस यही नहीं पसन्द है उन्हें
उन्हें तो बिना सिर वाला आदमी चाहिये
जो अपनी बात की वकालत न करे
सिर्फ आदेश का पालन करे

कोशिश तो बहुत की उसने
धड़ से अलग करने की इस नायाब चीज़ को
पर हर बार वह उगता रहा
जहाँ से उसे अलग किया जाता रहा।

89

तुम भीड़ हो

तुम भीड़ हो भीड़ ही बने रहो
सुकरात बनने की कोशिश मत करना
भीड़ से अलग रहोगे तो मारे जाओगे
हमें भीड़ चाहिये एक खामोश भीड़
चुनांचे भीड़ रहो,
हम तुम्हारे मसीहा हैं
मसीहा के महल नहीं देखते, मसीहा की दौलत नहीं देखते
सिर्फ उसकी शान में
कसीदे ही पढ़े जाते हैं,
हम तुम्हारे मसीहा हैं
बस इतना ही समझो
ऊपर मत देखो आँख की रोशनी चली जायेगी।

90

अब मत कहना

अब मत कहना कि
सब कुछ मिट्टी में मिल गया
मिट्टी कोई निरर्थक निर्जीव वस्तु तो है नहीं
बड़ी सुरीली होती है उसकी धड़कन
एक संगीत होता है
उसकी सोंधी–सोंधी सुगन्ध में
चिलचिलाती धूप में पकती रहती है उसकी जमीन
माँ की तरह खट्टे मीठे पकवान तो बनाती ही है
रस रसायन भी देती है अपनी कोख से
कभी नहीं चाहता उसका वात्सल्य बदले में
कोई पदार्थ
स्वार्थोपासना तो जानती ही नहीं
मिट्टी की जान बसती है
बच्चों की खिलखिलाहटों में उनकी ऊधम चौकड़ी में
उसके सपनों को सींचती हैं वे

बचपन के सुलझे अनसुलझे सवालों से
लुका छिपी खेलती है मिट्टी
वह निर्जीव नहीं होती।

91

पूर्णाभिद

रोशनी को रोशनी से
हवा को हवा से
पानी को पानी से अलग करने पर
जो बचता है
वही प्रभुनारायण को प्रभुनारायण से
अलग करने पर शेष रहता है।

92

पानी

पानी जब मुट्ठी बांध लेता है
तो बन जाता है बर्फ
खुदगर्ज़ असंवेदनशील ठंडा
इतना ठंडा कि जम जाय रंगों में रक्त
फिर भूल जाता है वह बहना
बह–बह कर मुरझाये खेतों को सींचना
बाग़ बगीचों में मंद–मंद मुसकाना
अपने आप में सिमट कर
बड़ा कठोर हो जाता है वह,
ऐसा पानी किस काम का
जो लहू बन कर न दौड़े रगों में
और टपक न पड़े आँखों से
देखकर पृथ्वी की फटी–फटी बिबाइयाँ
चेहरे पर उड़ती हवाइयाँ।

93

भुल्लन कुजड़ा

भुल्लन कुजड़ा के लिये हर ग्राहक भगवान था
और वह बखूबी जानते थे कि
भगवान न हिन्दू होता है न मुसलमान
न अगड़ा न पिछड़ा
ऐसे थे हमारे दिलों पर राज करने वाले
भुल्लन कुजड़ा।
वैसे तो भुल्लन कुजड़ा की एक ही आँख थी
दूसरी चेचक ने ले ली थी
पर अब उनके पास उनके दिल आँख थी
जो ज्यादा देखती थी दूर तक देखती थी सटीक देखती थी
जब आते थे दरवाजे पर हांक लगाते
उकड़ूं–उकड़ूं बैठा दरवाजा खिल उठता था
बच्चों के मन की धमनियों में
पारे की तरह दौड़ने लगता था इंतजार करते
रंग बिरंगे स्वप्न
बच्चे जानते थे कि भुल्लन चाचा

गर्मियों में पाल के नहीं डाल के पके
मीठे–मीठे ही आम लायेगें
उनके केले तो इतने मीठे होते थे कि
उनको देखते ही मुँह में पानी आ जाता था
अम्मा से पैसा माँगने से पहले ही
मिल जाते थे हमें बिना पैसों के
एक एक केले
प्यार की थपकी तो घेलुये में दे देते थे।
तब बाजार नहीं बने थे
दुकान में दुकानदारी का खेल नहीं चलता था
हीरा की माई जलेबी के साथ
चाशनी मुफ्त में हमारे कटोरे में डाल देती थीं
तब दुकान दुकान नहीं
हमारी ख्वाहिशों के घर हुआ करते थे
एक धेले में मिल जाया करता था
बेनी साव का देसी घी का मगदल
वह भी दरवाजे पर जोखूसाव के नमकीन से
जुगलबन्दी के साथ
आज कोई हल्दीराम या लल्लूराम
दे ही नहीं सकता वैसी खुशबू वैसा स्वाद
देसी घी तब देसी घी होता था
लोग डालडा का नाम तक नहीं जानते थे
हाँ, सिनेमा के पर्दे पर जरूर उसको दिखाया जाने लगा था
कुछ लोग प्रेरित होकर कभी–कभी चोरी से
छुपा कर घर ले आते थे डालडा
डर था कि लोग देख लेंगे तो क्या कहेंगे
अब तो देसी घी छुपा कर ले आते हैं लोग

मालूम हो जाय तो खतरा रहता है
इनकम टैक्स वालों के छापा
या फिर डाकुओं के डाका का
आज बाजार चमचमा रहे हैं नियान लाइट से
ताकि कपड़ों के रंग की असलियत न खुल जाय
बड़ी–बड़ी दुकानों में चमगादड़ों की तरह
झूल रही हैं लिप्सायें
तह पर तह लगा कर रखी गई हैं
अधिक से अधिक मुनाफा कमाने की तरकीबें
खुल्लम खुल्ला कहते हैं कि क्वालिटी की गारन्टी नहीं।
वहाँ कोई भुल्लन चाचा तो हैं नहीं
न ही हीरा की माई हैं
न ही मिठाई की अम्मा जो दे देती थीं
मलाई और रबड़ी छोटे छोटे कुल्हड़ों में हमें
बिना तराजू पर तौले
और दुलार से कहती थीं –
'बेटवा, कल फिर आना'
व्यापार मुहब्बत के शीरे से तर रहता था
तब दीवारों पर व्यापारी लिखा करते थे
''शुभ–लाभ''
लाभ के पहले शुभ, अर्थ के पहले धर्म आता था
तब बाकी पुरुषार्थ
यह था व्यापार और व्यापारियों का दर्शन
न हाई ब्लडप्रेशर था न हार्ट अटैक
मुक्त थे दोनों व्यापारी और ग्राहक।

94

पानी और पत्थर

पानी पत्थर पर छोड़ कर
अपनी लीला के निशान
चला जाता है दूर कहीं अदृश्य दिशाओं में
पत्थर सीने से चिपका कर रखता है
उसके निशान सदियों तक
और डूबा रहता है उसके ख्यालों में
गुमसुम।

(पत्नी के निधन पर)

10.11.2015

95

मेरा मोबाइल

बड़े शौक से फीड किया था कभी मैंने
तुम्हारा फोन नम्बर अपने मोबाइल में
साथ में सेव किया था तुम्हारा फोटो भी,
बटन दबाते ही
झम्म से कूद पड़ती थी
तुम्हारी खिलखिलाती तस्वीर
और खुशनुमा हो जाता था मूड,
एक दिन चुपके से किसी अव्यक्त अजनबी सत्ता ने
डिलीट कर दिया तुम्हारा नम्बर
और गुम हो गई तस्वीर
अंतहीन सन्नाटे में कहीं खो गया सारे नम्बरों के साथ
मेरा मोबाइल।

(12.11.2015)

96

विष चखने का काम

अब सिर्फ विष चखने का काम
दे दिया गया है ऋतुओं को
सावन हो या फागुन
गर्मी हो या जाड़ा
विष चखते–चखते उनकी देह हो गई है
सिर से पांव तक विषैली
हवा पानी बादल बिजली
सब लाद–लाद कर अपनी पीठ पर जहरीले संदेश
उड़ेल देते हैं पृथ्वी पर,
पृथ्वी पर बीज नहीं अब विष उगते हैं
चुनांचे गायब हो गया है चिड़ियों का शोर
गायब हो गये हैं इन्द्रधनुष के रंग
चौपालों में किस्से कहानी सुनाने के ढंग
हर तरफ क्रोध की फसलें हैं
घृणा के परनाले बह रहे
कौवे तो पितृपक्ष में भी नहीं दीखते

भरोसा उठ गया है उनका
पितरों को अर्पित अन्न से
जाल बिछा है हाईटेंशन तार का
चारों ओर आकाश में
उनकी तरंगों की गिरफ्त में मासूमियत
दम तोड़ देती है
हँसी छीनकर लाकरों में बन्द कर दी गई है
सिर्फ विष चखने का काम
दे दिया गया है मौसम को।

97

पेड़ की पीड़ा

पता नहीं कितनी बार बैठा है
बाँहों पर मेरी चिड़ियों का शोर
पता नहीं कितनी बार लिपटी है सीने से मेरे
तुतलाती भोर
पता नहीं कब से बेटे बेटियों की तरह
सम्हाल कर रखा मैंने तिनकों पर टिके
हवाओं के घूसे पर घूसे खाते
संस्कृतियों के घोसले
पर मेरी छाल में धंस गये हैं अब
कुल्हाड़ी की तरह
चंद आरा मशीनों के फैसले, लकड़मंडी के हौसले
वे काट कर बांध कर ले जाना चाहते हैं गठ्ठरों में
मेरी बाँहों को मेरी छांहों को
मेरे नेह को मेरी कटी हुई देह को
और बेच देना चाहते हैं मंडी में

नहीं मिलेगा फिर मेरी बाँहों पर बैठा
चिड़ियों का शोर
नहीं मिलेगी मेरे सीने से लिपटी
फिर तुतलाती भोर
नहीं मिलेगा मेरे रेशे–रेशे में हिलोरें मारता
वनस्पतियों का मौन
धूप छांह की जुगलबन्दी
हाँ, बहुत दिनों तक गूंजता रहेगा
मेरा आंगन
मेरी अनुपस्थिति से।

98

जंगल – 2

निराली होती है जंगल की अपनी दुनिया
किसी पेड़ को किसी पेड़ से दहशत होती है क्या
बड़े संतुलित होते हैं उनके लेन–देन के सम्बन्ध
फूल अपने मन से खिलते हैं
और फल पकाये नहीं पक जाते हैं
कितनी खूबी से होता है वितरण पराग कणों का
पौधों के बीच
किसी को पता तक नहीं चलता
सब कुछ अपने मन से
और मन सधे हुये घोड़ों की तरह,
ऋतु चक्रों की तरह ही आते जाते रहते हैं
ध्वंस और सृजन के संदेशे
बड़ी व्यवस्थित होती है इनकी अंतर क्रिया
इनकी जुगलबन्दी
जंगली होते जंगल तो शहरों की तरह ही
शातिर और संवादहीन होते।

99

आदमखोर वायरस

एक आदमखोर वायरस ने छीन लिया
हमसे हमारा आसमान
अब डर लगता है उनसे जिनके लिये कभी
जान दे सकते थे हम छीन लिया है हमसे
तीन डग में तीनों लोक नाप लेने वाला
निडर मन
अब डर लगता है पास–पास रहने से
एक पात में बैठकर खाने से
गले मिलकर हँसने–हँसाने से,
कत्तई खतरे से खाली नहीं है यह सलाह –
कि दिल मिले न मिले हाथ मिलाते रहिये
जमाना बहुत बदल गया
अब डर लगता है पिता जी का पैर दबाने से
अम्मा का चरण छूकर आशीर्वाद लेने से
पत्नी को पास बुलाने से, डर लगता है
चीख पड़ोसी की सुनकर

हिम्मत नहीं कि पूछे कुछ उसके घर जाकर
छीन लिया है लॉकडाउन के फरमानों ने
भाईचारा और बदले में दिया है
छाले ही छाले प्रवासी मजदूरों के पैरों में ही नहीं
हमारे दिलों में दिमागों में भी
हम गुम हो गये हैं कहीं अपने भीतर
रेड और ऑरेंज जोन की खबरें
टिड्डियों के हमलों की तरह चट कर गईं
इंसानियत की सारी बड़ी–बड़ी बातें
हम जंजीरों में तब्दील हो गये
घिर गये है फुफकार मारती लहरों से
आखिर कब तक हन साबुन, सेनेटाइजर से
धोते रहेंगे भयभीत हवाओं को
सब चुप है कुदरत चुप है
बोलती हैं सिर्फ हमारी घबराहट।

100

पेड़

पेड़ कभी निराश नहीं करते
चले जाइये इनके पास
तो कुछ न कुछ जरूर धर देते हैं हाँथ पर
फल तैयार हैं तो फल नहीं तो फूल से ही
भर देते हैं अंजुरी
चिलचिलाती धूप में कुछ नहीं तो
छाँव तो दे ही देते हैं
ठंडी–ठंडी हवा से हर लेते हैं हमारी थकान
अवसादग्रस्त इंसान खून जानता है
कि कैसे इनके सानिध्य में वह
पुनर्निर्मित हो जाता रहा है
बुद्धत्व तक मिल जाता है यहाँ बैठने से
पेड़ कभी निराश नहीं करते
हम से पहले पहुँच जाते श्मशान घाट
और सजा देते हैं हमारा बिस्तर
अपनी अस्थियों से।

101

उस दिन नदी बहुत उदास थी

उस दिन नदी बहुत उदास थी
जब उसे बाँधा जा रहा था
बाँधों में बंधियों में विकास के नाम पर
उसने शिकायत की कि
इस बदसलूकी का अंजाम
बहुत बुरा होगा
वह तो सूख जायेगी लुप्त हो जायेगी धरती से
पर धरती वालों को सजा देंगे
उनसे बदला लेंगे उसके नाते रिश्तेदार
बादल मुँह फेर लेंगे तो जानते हो
तुम्हारे मुँह में रेत भर जायेगी
भूखों मर जायेंगे तुम्हारे बाल बच्चे
इतनी गर्मी पड़ेगी कि मिट्टी सूख कर राख हो जायेगी
कहाँ पाओगे जड़ी बूटियाँ रस रसायन
कोरोना जैसे वायरस से लड़ने के लिये
निहत्थे लड़ना पड़ेगा महामारियों से

गगनचुम्बी इमारतें बनाने के लिये
पेड़ काटोगे तो वे कट तो जायेंगे
पर उनकी चीखें जब हवायें ले उड़ेंगी
तो उनके वेग को सह पाओगे क्या ?
कितने प्यार से हमारा नामकरण किया था
तुम्हारे पुरखों ने
कभी गंगा कह के, कभी जमुना कह के, कभी नर्मदा
अलक नंदा कह के पुकारते थे हमे
पूजा करते थे हमारे जल को, हमारे प्रवाह को
हम प्रसन्न रहते थे और धरतीवासी सुखी समृद्ध
ऋतुएँ समय से आती जाती रहती थीं
और खेत खलिहान लहलहाते रहते थे
मंत्रों की तरह पवित्र थे हम
यह कैसा विकास है मेरे बच्चों
शैतान की तरह तुमको उकसा रहा है जहरीला फल चखने को
ताकि तुम और तुम्हारी नस्लें ढोती रहें अपनी पीठ पर
दुख और पीड़ा के पहाड़।

102

पुल ही चुनते हैं

पुल ही चुनते है अब
आत्महत्या करने वाल बहुत से लोग
जाते–जाते मानो बता जाना चाहते हैं
कि सारे पुल आत्महत्या करने लायक ही
अब रह गये
ट्रैफिक जाम में फँसे पुलों के लिये
मुश्किल हो गया है आज कल
नदी के किनारों को जोड़ना
चुनांचे सुर्खियाँ बटोर रहे हैं
सुसाइड प्वाइंट बन कर मीडिया में पुल
लोहा सीमेन्ट मिट्टी का ढाँचा बनकर रह गये हैं
दिलों को जोड़ने वाले पुल
कत्तई भूल गये हैं अपनी
खानदानी पहचान।

103

पीढ़ियाँ

हर पीढ़ी नसीहतों के औजार से
गढ़ना चाहती है
अपनी अगली पीढ़ी
देना चाहती है उसे ढ़ोने के लिये
अपने उसूलों की सीढ़ी
चुनांचे हर बार खड़ी हो जाती है नफरत की दीवार
और बन्द हो जाता है देखना आर–पार
अढ़इया पौवन्ना रट–रट कर बड़े हुये लोग
क्या जानें साफ्टवेयर की निराकार बातें
ब्राडबैंड की रफ्तार चलने वाली नई पीढ़ी के आगे
स्वाद और उमंग में रहने वाली पीढ़ी के सामने
मास्टर रामलाल हाथ पर हाथ धरे
सिर्फ पगुराते रहते हैं
छुनन गुरू हवा में मुँह बाये
कुछ अगोरते रहते हैं

पाप पुण्य की बातों से इतना भरा रहता है इनका पेट
कि न कुछ खाते हैं न पीते हैं
पिज्जा बर्गर पास्टा के नाम से भड़क जाते हैं
लिव इन रिलेशन की बात सुन–सुन कर तो
राम–राम जपने लगते हैं
दीवार पर टंगा कैलेन्डर
सिर्फ मुस्कुराता रहता है।

104

बोनसाई के पौधे

वह एक पूरा इन्सान था
लहलहाता हुआ इन्सान
क्योंकि उसके पास दिल भी था दिमाग भी
गज़ब की ताकत थी उसके सपनों में
चूंकि पूरा आदमी खतरनाक होता है
चुनांचे उसका कद छोटा करने के लिये
फरमान जारी किये गये
हुक्म हुआ कि कुछ सांचे बनाये जाय
जाति के धर्म के, विचार और खुदगर्जी के
धीरे–धीरे पत्थरों से घिस घिसकर
छोटा किया गया उसका कद
और पिघला कर ढ़ाल दिया गया उसे
अलग–अलग सांचों में
पूरे आदमी की इन्सानियत
कई हिस्सों में बँट गई
खूबसूरत गमलों में उसे सजा दिया गया

जैसे बोनसाई के गुलाम पौधे, वृक्ष से पौधा बन गया
उसकी गगनचुम्बी सोच को काट छांट कर
तरह–तरह के गमलों में कैद कर दिया गया
हाँ, खाद पानी की माकूल व्यवस्था कर दी गई
पूरे आदमी का न पूरा दिल रहा न पूरा दिमाग
उसके अपने सपने तो कबके कट–कट कर बिखरे पड़े थे
अब वह उनके गमलों की आचार संहिता में
बँधकर रह गया जिनके फरमान जारी करने के
विशेषाधिकार होते हैं
आदमी दरबार में आते जाते लोगों को
सिर्फ झुक–झुक कर सलाम करता है
और औकात के भीतर रहता है।

105

चिराग़

माना चिराग कहीं पर हो
रोशनी लुटाता है
पर वही जब मसलहत वाली
भड़काऊ हवाओं की सोहबत में पड़ जाता है
तो घर ही नहीं
बस्तियाँ जलाता है
आदमखोर हवाओं के साथ मिलकर
तबाही की चिनगारियाँ
दूर–दूर तक पहुँचाता है
सांय–सांय करती सिसकियों की राख बुझ तो जाती है
पर महब्बत की राख के दाग़ धब्बे
सदियों तक इतिहास के पन्नों पर
फड़फड़ाते रहते हैं।

106

गंगाजल

इतना गन्दा तो नहीं था गंगाजल
जब जन्मा था गंगोत्री की कोख से
हरिद्वार तक में लोग
देख लेते थे अपनी छवि पानी में
आकार और सम्पर्क बढ़ने के साथ–साथ
इतना कूड़ा करकटा भरता गया उसके मन में
कि अपना स्वरूप ही भूल गया वह
सबको पवित्र कर देने का संकल्प लेकर
चलने वाला गंगाजल
खुद इतना अपावन हो गया!
खुदगर्ज नाले नालियों की सोहबत ने
इतनी बदल दी है उसकी रंगत
कि एक अंजुरी शुद्ध जल के लिये
तरस जाते हैं
काशी में बाबा भोलेनाथ

कराह उठता है गंगा सागर
उसकी गन्दगी को
आत्मसात करते करते।

107

होगा समुद्र का नाम

होगा समुद्र का नाम रत्नाकर
नाम से क्या होता है
अपनी मर्जी से तो उसने आजतक
किसी प्यासे को चुल्लू भर पानी तक तो दिया नहीं
रत्न क्या देगा
जब भी मिले हैं रत्न
बलपूर्वक मंथन करने पर ही मिले हैं
परेशानियों से जूझ रहे राम तक को चढ़ाना पड़ा था
धनुष पर बाण एक अदद पुल के लिये
वह सूरज तो है नहीं
जो रोज–रोज सोने से मढ़ देता है हिम शिखरों को
और तृप्त हो जाते हैं छोटे बड़े सभी हिमशिखर
वह तो रत्नाकर है नाम का रत्नाकर
अपनी विशाल काया लेकर
सिर्फ दहाड़ता रहता है समुद्र
अपने बाल बच्चों के साथ इतना मस्त

कि भूल गया सारी दरियादिली
किनारों पर पड़े शंख सीपी तो
छिलके हैं उसकी मतलबी ख्वाहिशों के
इतना खारापन है उसके मन में
कि मीठा–मीठा जल लेकर नदियाँ
जब भी उसके पास गईं
वह उनके अस्तित्व को ही निगल गया
इतना खुदगर्ज़ है समुद्र।

108

जन्नत

माना माँ के कदमों में
जन्नत होती है
पर यह भी सच है
कि उस जन्नत को
पिता ही रोशन करता है
वह ऐसा पावर हाउस है
कि ब्रेक डाउन हो जाय
तो जन्नत में भी जहन्नुम का
अंधेरा छा जाता है।